Heidemarie Dammenhayn • Elke Mirwald

Öffnung des Unterrichts in der Grundschule

Ja - aber wie?

Heft 5

Methodische Empfehlungen und Kopiervorlagen

für Lesen und Mathematik

im 2. Schuljahresabschnitt der Klasse 1

Volk und Wissen Verlag GmbH

Berlin

Autoren:
Heidemarie Dammenhayn
(Lesen und Mathematik, Aufgaben1 bis 4 und 23 bis 34)
Elke Mirwald
(Mathematik, Aufgaben 5 bis 22 und 35 bis 48)

Redaktion: Erika Richter

Dammenhayn, Heidemarie:
Öffnung des Unterrichts in der Grundschule: Ja – aber wie? / Heidemarie Dammenhayn; Elke Mirwald. - Berlin: Volk u. Wissen
H 5. Methodische Empfehlungen und Kopiervorlagen für Lesen und Mathematik im 2. Schuljahresabschnitt der Klasse 1. - 1. Aufl. - 1990. - 72 S.
NE: 2. Verf.:

ISBN 3-06-092098-2

1. Auflage

Printed in Germany
Illustrationen: Uschi Kosa
Einband: Konrad Golz, Dagny Scheidt
LSV 0645

Inhalt

1. Vorbemerkungen

Die in den Heften 1 und 2 unserer Reihe "Öffnung des Unterrichts" angebotenen Kopiervorlagen werden mit dem vorliegenden Heft 5 erweitert durch Übungen, die sich besonders für individuelles Lernen einzelner Kinder im 2. Schuljahresabschnitt der Klasse 1 eignen. Die Aufgaben stellen qualitativ und quantitativ unterschiedliche Anforderungen an die Kinder. Leichtere Aufgaben sind mit ● gekennzeichnet, schwierigere mit ■ und Partnerübungen mit ▲. Diese differenzierten Aufgaben verstehen sich als zusätzliches Angebot zum Leselehrgang mit dem Leselernbuch "Meine Fibel" vom Volk und Wissen Verlag GmbH und für den Mathematikunterricht. (Das Zeichen gibt an, daß diese Aufgaben im Zusammenhang mit dem Fibeltext zu lösen sind.
Die Aufgaben ermöglichen Übungsphasen, in denen die Kinder nach ihren individuellen Voraussetzungen mit selbstgewähltem Material eigenverantwortlich üben, Gelerntes weiterführen, vertiefen und auf neue Situationen anwenden.
Die Aufgaben können sowohl für die frontale Stillarbeit als auch für die differenzierte Arbeit in Lerngruppen oder für die selbstbestimmte Freiarbeit der Kinder genutzt werden.

2. Methodische Hinweise zum Einsatz der Leseübungen

Die Kopiervorlagen bieten Übungen auf Wort-, Wortgruppen-, Satz- und Textebene.
Die Übungen unterstützen die Arbeit an Schwerpunkten wie

- stilles Lesen,
- Lesen zusammengesetzter Wörter,
- Lesen abgeleiteter Wörter,
- Lesen von Wörtern mit Konsonantenhäufungen,
- Leseübungen, die auf die Spezifik des sinnerfassenden Lesens von Sätzen und kurzen Texten ausgerichtet sind.

Aufgabe	ab Fibelseite	
1 ●	66	Darstellen des Gelesenen; Abschneiden der Figuren am Rand, Erlesen der Sätze und Fertigstellen der Bilder dem Inhalt der Sätze entsprechend (Figuren richtig zuordnen und aufkleben).
2 ■	66	Beantworten von Fragen, Lösen von Aufgaben; Erlesen eines kurzen Textes, Antwort aufschreiben oder malen.
3 ●	67	Lösen von Aufgaben; Vergleichen der Angaben mit dem Fibeltext, Kennzeichnen der richtigen Angaben und Darstellen als Bild.
4 ■	67	Beantworten von Fragen; Erlesen des Textes, Vergleichen mit dem Text und Zuordnen der Namen der Kinder (ausschneiden und in den Kasten kleben bzw. schreiben). Vergleichen mit dem Fibeltext, Erkennen der unterschiedlichen Angaben (Flöte – Buch).

Aufgabe	ab Fibelseite	
5 ●	69	Beantworten von Fragen, Lösen von Aufgaben; Erlesen des Textes, Vergleichen mit dem Bild, Vervoll-ständigen des Bildes.
6 ■	69	Schlußfolgern vom Inhalt des Fibeltextes auf mögliche richtige Antworten, Kennzeichnen dieser.
7 ▲	69	Erlesen von Wörtern mit gleichen Buchstabenfolgen, Partnerübung.
8/9 ●	72	Heraushören von Lauten; Umknicken des Randstreifens, Heraushören von "st" bzw. "sp" aus Wörtern, Kennzeichnen (vom Kästchen Linien zu den entsprechenden Abbildungen ziehen). Abschneiden der Wörter am Randstreifen, auf die entsprechenden Abbildungen kleben, dabei Kontrolle der Hörübung.
10 ■	72	Sprechen der Wörter, Heraushören der Lautfolgen am Wortanfang, Kennzeichnen (Linien zu den entsprechen-den Abbildungen ziehen).
11 ●	72	Erlesen von Wörtern mit "st" und "sp", Abschneiden und richtig zuordnen.
12 ▲ ●	72	Erlesen von Wörtern mit "st" und "sp", Partnerübung. Erlesen der Wörter und Darstellen als Bild.
13 ●	74	Lösen von Aufgaben.
14 ▲	74	wie Aufgabe 7
15 ●	74	Lesen des bekannten Textes, zum Bild in Beziehung set-zen, Namen richtig zuordnen (einkleben oder schreiben).
16 ■	74	Erlesen eines unbekannten kleinen Textes, Darstellen als Bild.
17 ■	74	Erlesen eines unbekannten kleinen Textes, Beantworten einer Frage.
18 ●	76	Üben von Wortgruppen, Verbinden mit den entsprechen-den Bildern.
19 ■	76	Erlesen von Wortgruppen, Erfassen richtiger und fal-scher Aussagen (falsche Aussagen durchstreichen).

Aufgabe	ab Fibelseite	
20 ●	76	Beantworten von Fragen; Lesen von Sätzen (bekanntes Wortmaterial); Frage und Bilder in Beziehung setzen und Frage beant-worten.
21 ■	76	Erlesen von Sätzen mit unsinnig eingesetzten Verben, richtiges Einsetzen der Verben. (ausschneiden, einkleben)
22 ■	76	Erlesen von unbekannten Wortbildern mit "st" und "sp" und Zusammensetzungen mit "pf", Erkennen richtiger und falscher Zuordnungen zu den Oberbegriffen.
23 ●	77	Wörter mit chs; Angaben richtig werten und kennzeichnen.
24 ■	77	Wörter mit chs; Sätze richtig vervollständigen.
25 ●	80	Erkennen und Verbinden von Gegensatzpaaren.
26 ■	80	Lesen der wörtlichen Rede; Erkennen und Eintragen, wer spricht.
27 ●	81	Ausgehend vom Inhalt des Fibeltextes kennzeichnen, wer die Tätigkeiten ausführt.
28 ■	81	Übungen im Ordnen von Sätzen nach ihrer logischen Handlungsfolge.
29 ●	84	Erlesen von Wörtern mit "-chen" und "-lein"; Zuordnen zu Abbildungen.
30 ■	84	Erlesen und Bilden von Wörtern mit "-chen"; Beantworten einer Frage.
31 ▲	84	"Du und ich" - Domino; Erlesen von Wörtern mit "-chen" und "-lein".
32 ●	92	wie Übung 21
33 ● 34 ■	92 92	Erkennen und Kennzeichnen falscher Aussagen im Vergleich mit dem Fibeltext.
35 ●	94	Erlesen von Wörtern mit qu; Kennzeichnen der zusammengehörenden Wörter und Bilder.

Aufgabe	ab Fibelseite	
36 ■	94	Erlesen von Wörtern mit qu; Ergänzen von Sätzen.
37 ●	94	Erlesen und Beantworten einer Frage.
38 ■	94	Erlesen eines unbekannten kleinen Textes (Wörter mit qu); Darstellen des Inhalts als Bild.
39 ●	95	Üben langer Wörter, Erkennen der richtigen Zusammen- setzungen; Ergänzen von Sätzen.
40 ■	95	Erkennen richtiger Aussagen im Vergleich mit dem Fibeltext und durch Anwendung von Wissen (evtl. Nachschlagewerk für Kinder auslegen).
41 ●	100	Wie Aufgabe 27 und Beantworten einer Frage durch bildnerisches Darstellen.
42 ■	100	Erlesen eines kleinen Textes mit unsinnigen Angaben. Beantworten einer Frage (ja/nein). Ausführen eines Auftrages (unsinnige Angaben als Bild darstellen).
43 ■	100	Erlesen eines Textes, Erfassen und Beantworten einer Frage.
44 ●	106	Üben langer Wörter, Erkennen der richtigen Zusammenset- zungen; Beantworten einer Frage.
45 bis 47 ■	107	Erlesen der Sätze; im Vergleich mit dem Bild Erfassen, wie die Personen heißen; Beantworten von Fragen. (Beim erstmaligen Einsatz solcher Aufgaben Lösungs- verfahren bewußtmachen, üben.)
48 ●	108	Rätsel erlesen, Lösung angeben durch Verbindung von Rätsel und Lösungsbild.
49 ●	108	Erlesen und Erfassen von Fragen, Zuordnen zum entspre- chenden Bild.
50 ■	108	Rätsel, wie Aufgabe 48 sowie Verbindung von Rätsel und Lösungswort.
51 ■	108	Scherzfragen; Lösung angeben durch Verbindung zum Lösungswort.

Aufgabe	ab Fibelseite	
52 ■	108	Rätsel; richtiges Zuordnen der Lösungswörter; die ersten Buchstaben senkrecht gelesen ergeben das Lösungswort.
53 ● bis 56	120	Märchen; stilles Lesen von Sätzen und Textabschnitten, Ergänzen der Sätze durch die richtigen Bilder.
57 ■	120	Märchen; stilles Lesen von Texten, Erkennen der falschen Zuordnungen (wörtliche Rede), richtige Zuordnung vornehmen.

● Name: (1)

Fasching

Der Koch holt sich zum Tanz die Zauberin.
Der Zauberer geht zu Frau Maus.
Die Köchin reicht dem Hund ihre Hand.
Doch wagt sich der Mäuserich zur Katze?

■ Name: (2)

Frau Maus schaut aus dem Loch heraus.
Der Kater spricht zur Maus:
„Ich führe dich zum Tanze aus.“
Die Maus durchschaut des Katers Trick
und zieht sich in ihr Haus zurück.

Was will der Kater?
Schreibe die Antwort
oder zeichne ein Bild dazu.

● Name: 67 (3)

Die Kinder schenken

- ☐ Blumen
- ☐ einen Kuchen
- ☐ eine Puppe
- ☐ ein Tuch
- ☐ ein Auto
- ☐ ein Buch
- ☐ einen Ball

Zeichne, was sie Anke schenken!

■ Name: 67 (4)

Klaus
Anja
Karin
Anke

Die Kinder wünschen Anke alles Gute.
Karin schenkt eine kleine Puppe,
Anja schenkt eine Flöte,
Klaus schenkt einen Ball.

Wer hat in der Fibel ein anderes Geschenk?

● Name: (5)

Was fehlt auf dem Bild? Zeichne es dazu!

Mutti ist hellwach. Sie geht ins Zimmer.
Vater, Mario und Jana ziehen Mutti zum Tisch.
Sie gratulieren.
Neben Muttis Teller leuchten rote und gelbe Blumen.

✂- -

■ Name: 69 (6)

Sie wollen Mutti überraschen,

- ☐ weil Mutti von einer Reise kommt.
- ☐ weil Mutti so lieb ist.
- ☐ weil Mutti Geburtstag hat.
- ☐ weil Mutti zu unserer Oma fährt.
- ☐ weil für Mutti ein Festtag ist.

▲ Name: (7)

Ich kann lesen:

- will ☐
- schrill ☐
- Brille ☐
- hell ☐
- hellwach ☐
- Teller ☐
- schnell ☐
- bellen ☐
- Kelle ☐
- Keller ☐
- Ball ☐
- Schallplatte ☐

Zu welchen Wörtern kannst du ein Bild zeichnen?

● Name: (8)

St	st	?

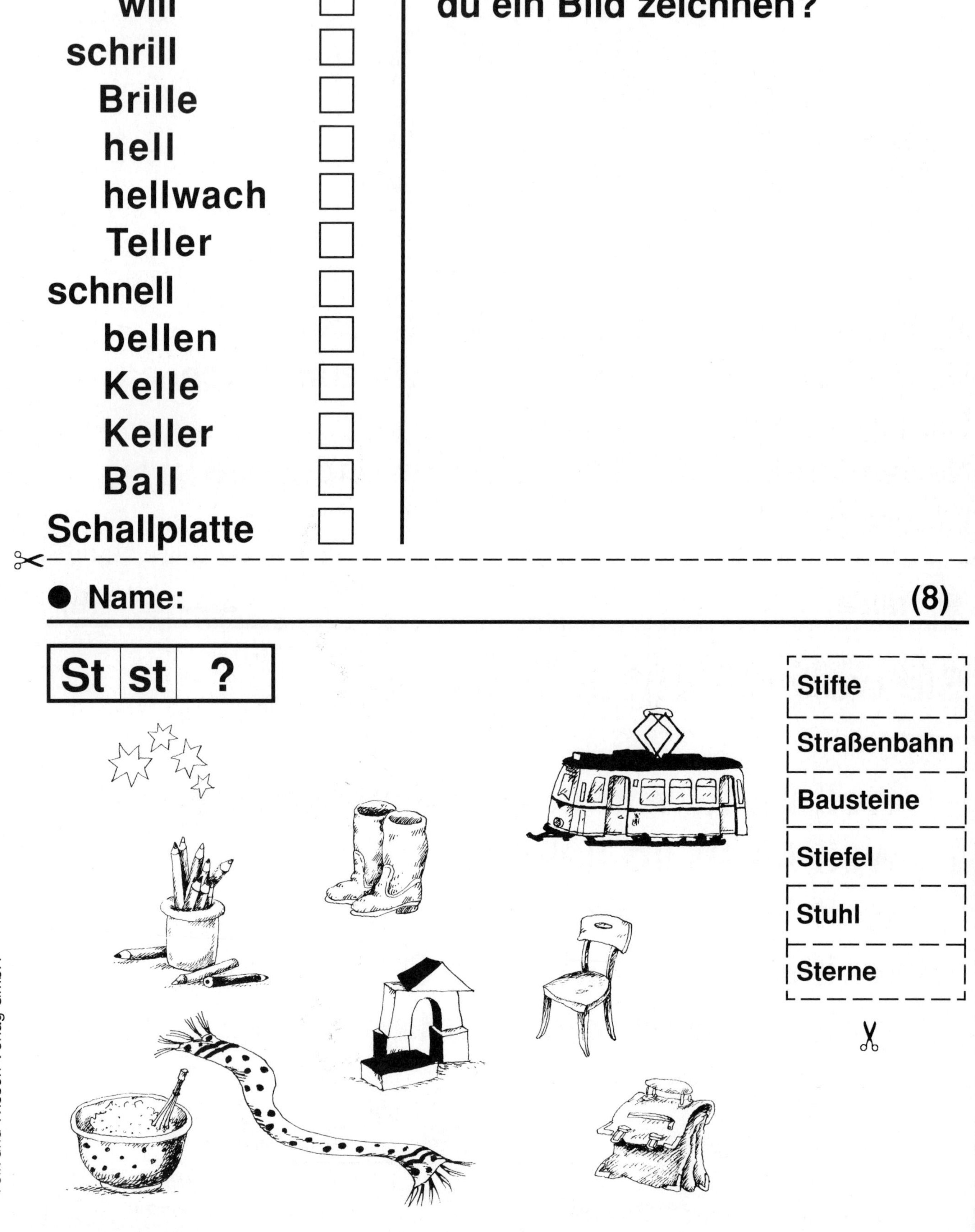

- Stifte
- Straßenbahn
- Bausteine
- Stiefel
- Stuhl
- Sterne

● Name: (9)

Sp	sp	?

Sparschwein

Spaten

Springseil

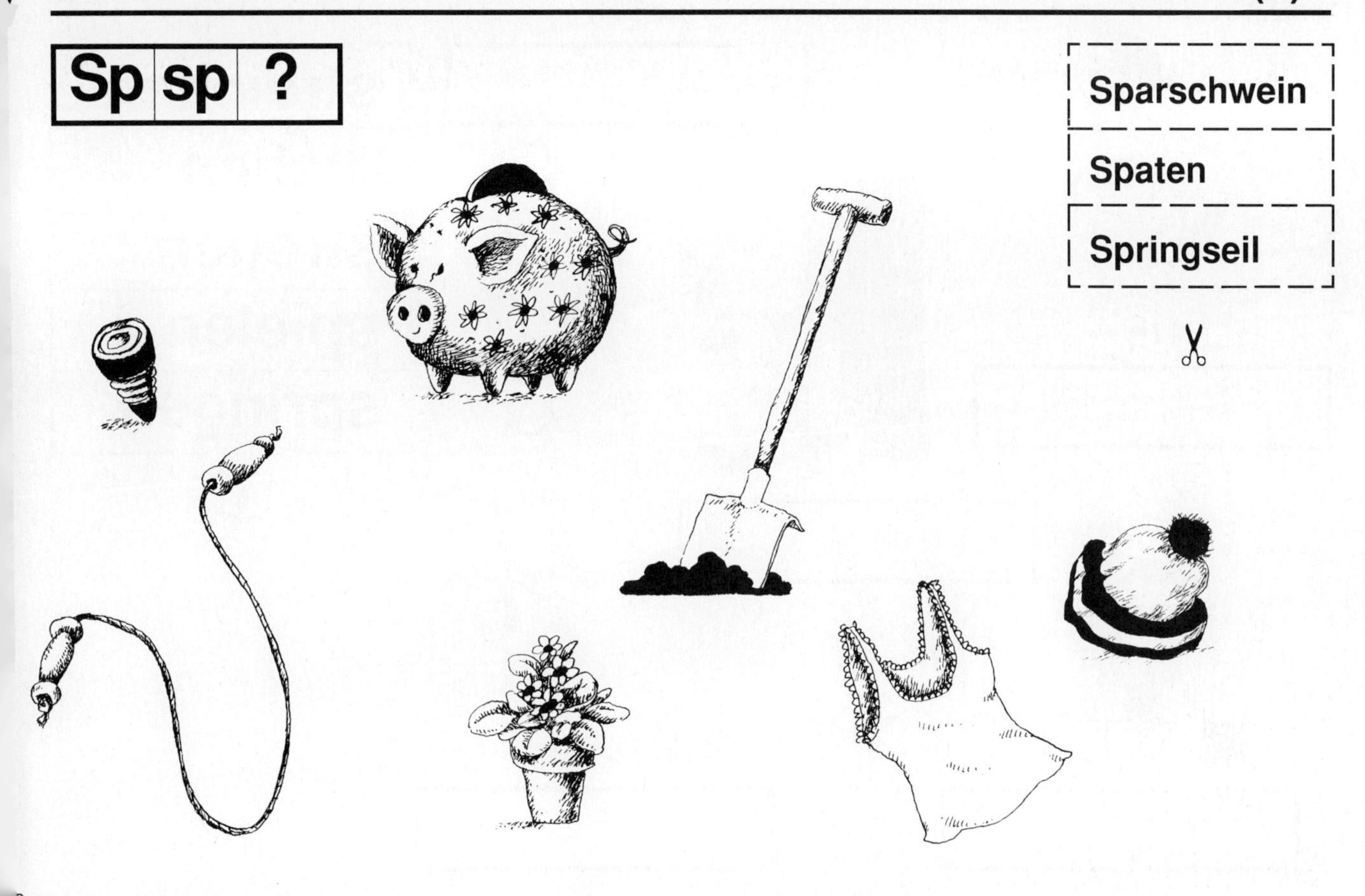

■ Name: (10)

Was beginnt mit

Schl
Schn
Schm
Schw
Schr
Str
Spr

● Name: (11)

streichen
stehen
streuen
spielen
springen

✂

✂- -

▲ Name: (12)

Ich kann lesen:

Spiel	☐	stehen	☐
Spielplatz	☐	Stock	☐
spielen	☐	Stein	☐
Spaß	☐		

● Zeichne!

Stuhl Spaten Stiefel

● Name: (13)

Was kann fahren?

Zeichne ein Fahrrad!	Zeichne ein anderes Fahrzeug!

<- -

▲ Name: (14)

Ich kann lesen:

- fahren ☐
- radfahren ☐
- abfahren ☐
- Fahrer ☐
- Fahrrad ☐
- Fahrradweg ☐
- Fahrzeug ☐

Welche Wörter passen zum Bild?

● **Name:** (15)

Stefan

Peter

Radfahren

Wenn Stefan um die Ecke fährt,
zeigt er vorher mit dem Arm die Richtung an.
Peter hat auch ein Fahrrad.
Aber er will immer schneller fahren als Stefan.
Einmal stellte er sogar die Beine hoch
und fiel mitten auf der Straße um.
Peter! Peter!
Wenn da ein Auto gekommen wäre!

■ **Name:** (16)

Zeichne weiter!

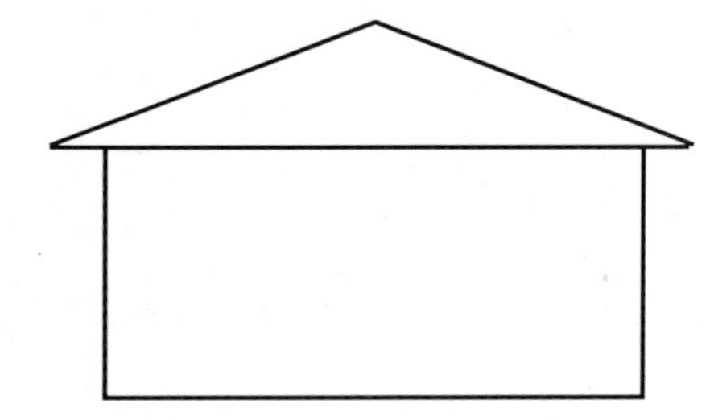

Das Haus hat einen Schornstein,zwei Fenster und eine Tür.
Es steht an einer Straße.
Auf der Straße fährt ein Lastauto.
Neben dem Haus stehen Sträucher und zwei Bäume.

■ Name: (17)

Stefan schreibt auf einen Zettel:

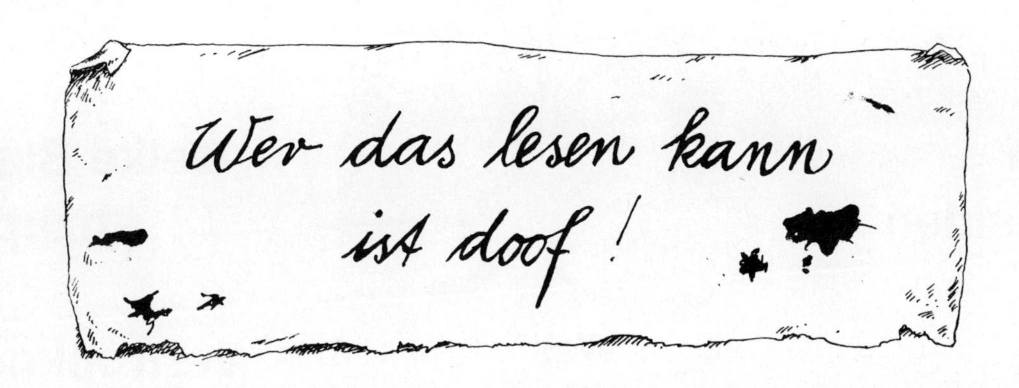

Peter sagt: „Ein Glück, daß ich das nicht lesen kann."
Kann Peter lesen, was auf dem Zettel steht?

j a ☐ n e i n ☐

● Name: (18)

die schöne Pflanze
die schönen Pflanzen
das welke Blatt
die großen Blätter
die kleinen Töpfe
der große Topf

Blumen abschneiden

welke Blätter abzupfen

in den Kühlschrank stellen

vertrocknen lassen

Staub von den Blättern wischen

in frische Erde umtopfen

Julia und Anja haben eine Pflanze.
Sie wollen ihre Pflanzen gut pflegen.

Julia ☐ Anja ☐

Wer hat seine Pflanze wirklich gut gepflegt?

■ Name:

wischen
zupfen
topfen
pflegen

Blumendienst

Jede Woche wischen zwei Schüler die Pflanzen.
Sie zupfen den Staub von den großen Blättern.
Welke Blätter topfen sie ab.
Zwei Pflanzen pflegen sie um.

■ Name:

Vögel	ja	nein	Pflanzen	ja	nein
Spatz	☐	☐	Pflaumenbaum	☐	☐
Specht	☐	☐	Pfirsichbaum	☐	☐
Spinne	☐	☐	Apfelbaum	☐	☐
Storch	☐	☐	Pferdeäpfel	☐	☐
Star	☐	☐	Pfingstrosen	☐	☐
Stier	☐	☐	Pfannkuchen	☐	☐

● Name: (23)

	wachsen	wachsen nicht
die Frühblüher	☐	☐
die Bäume	☐	☐
die Zwiebeln	☐	☐
meine Beine	☐	☐
meine Hosen	☐	☐

✂ -

■ Name: (24)

wachsen **oder** *wachsen nicht*

Die Blumen

Welke Blätter

Die Wurzeln

Die Töpfe

Meine Füße

Meine Schuhe

● Name: (25)

Immer zwei!

langsam
früh
heute
trocken
Frühstück

morgen
naß
schnell
Abendbrot
spät

■ Name: 80 (26)

Wer sagt das?

________: „Es ist schon spät. Du mußt zur Schule gehen, und ich muß zur Arbeit"

________: „Unsere Uhr geht viel zu schnell."

________: „Unsere Uhr geht nicht zu schnell, nur du bist heute so langsam."

● Name: 81 (27)

Wer tut das?

	wäscht in der Küche ab.
	spielt im Kinderzimmer.
	ruft den Bruder.
	trocknet das Geschirr ab.

Juliane | Stefan | Juliane | Stefan

■ Name: 81 (28)

Schneide die Sätze ab, ordne sie zu einer Geschichte.

Er greift nach dem Handtuch und trocknet ab.

Sie ruft ihren Bruder.

Juliane ruft ihn noch einmal.

Juliane ist in der Küche und wäscht ab.

Aber Stefan hört nicht. Er spielt weiter.

Endlich kommt Stefan in die Küche.

● Name: (29)

Wir richten für das Heinzelmännchen

ein ______________________ ein.

Was soll hinein?

Bettchen
Bänkchen
Schränkchen
Tischlein
Stühlchen
Zimmerchen
Bildchen

ein ______________

ein ______________

ein ______________

ein ______________

ein ______________

ein ______________

■ Name: (30)

Ein kleines Haus ist ein Häuschen.

Ein kleiner Baum ist ein ______________.

Eine kleine Maus ist ein ______________

und eine kleine Blume ein ______________.

Wenn wir ein kleines Brot kaufen,

bekommen wir dann ein Brötchen?

ja ☐ **nein** ☐

Mariechen	ein Baum	ein Bäumchen	ein Haus
ein Häuschen	eine Maus	ein Mäuschen	ein Schwein
ein Schweinchen	ein Hund	ein Hündchen	eine Blume
ein Blümchen	ein Punkt •	ein Pünktchen	ein Käfer
ein Käferlein	eine Schüssel	ein Schüsselchen	ein Bein
ein Beinchen	ein Schlüssel	ein Schlüsselchen	Marie

Paul putzt am Tisch.
Was hat er alles in der Tasche?
Die sitzt ja bald, so voll ist sie.
Aber womit platzt er sich die Nase?

Wie muß es heißen?

● Name: 92 (33)

Was hat Paul in der Tasche?

- ☐ sechs Kugeln
- ☐ einen Würfel
- ☐ ein Taschentuch
- ☐ eine kleine Kette
- ☐ bunte Kreide
- ☐ ein kleines Auto
- ☐ zwei Schrauben
- ☐ eine Schnur

KREIDE

✂ -

■ Name: 92 (34)

Stimmt das?

Paul hat in seiner Hosentasche:
fünf Kugeln, einen Würfel, weiße Kreide, eine lange Kette, zwei Schrauben, ein Taschentuch, eine Schnur und allerhand Schmutz.

Streiche durch, was nicht stimmt!

● Name: (35)

quieken
quaken
quasseln
qualmen

Was ist Quatsch?
Wo ist Quark?

✂ -

■ Name: (36)

Quatsch
Quirl
Qualm
Quark
Quatschkopf

✂

Aus dem Schornstein
kommt dicker ____________ .
Aus Milch kann man
____________ herstellen.
Der Teig kann mit einem
____________ gerührt werden.
Ein anderes Wort für Unsinn
ist ____________ .
Wer immer Unsinn redet, ist
ein ____________ .

● Name: (37)

„Quak, quak, quak!“ ruft der Frosch und hüpft schnell fort.

Welches Tier will den Frosch fressen?

■ Name: (38)

Quietschend und qualmend
quält sich die kleine Bahn
den Berg hinauf.
Oben auf dem Berg
quietscht und qualmt sie erleichtert:
Ich habe es geschafft.

Zeichne die kleine Bahn!

● Name:

Lange Wörter

Kohl	flecken	
Wangen	meise	
Baum	löcher	gelb
Mauer	kasten	weiß
Nist	höhlen	schwarz

Wie sieht die Kohlmeise aus?

Ihr Kopf ist ________ .

Die Wangenflecken sind __________ .

Ihr Bauch ist __________ .

■ Name: 95

Die Kohlmeise baut ihr Nest

- ☐ in Nistkästen
- ☐ im Vogelkäfig
- ☐ in Baumhöhlen
- ☐ in Schultüten
- ☐ in Mauerlöchern

Was ist richtig?

Die Kohlmeise frißt

- ☐ Käfer
- ☐ Frösche
- ☐ Raupen
- ☐ Zopfhalter
- ☐ Samen und andere Pflanzenkost

● Name: (41)

Beim Arzt

Wer tut das?	Arzt	oder Schwester
impfen	☐	☐
wiegen	☐	☐
messen	☐	☐
in den Hals sehen	☐	☐
in die Ohren sehen	☐	☐
das Herz abhören	☐	☐

Womit hört der Arzt das Herz ab?
Kannst du das zeichnen?

■ Name: (42)

Klaus erzählt seinem kleinen Bruder:
„Ich war heute beim Arzt. Die Schwester hat mich gemessen und gewogen.
Ich bin schon größer als die Meßlatte und so schwer wie ein Elefant."

Kann das sein?

☐ ja ☐ nein

Nimm ein großes Blatt Papier,
zeichne die Meßlatte und Klaus.

■ Name: (43)

Karin erzählt ihrer Freundin:
Ich war heute beim Arzt. Ich wurde von der Schwester gemessen und gewogen. Der Arzt hat mir in den Hals und in die Ohren gesehen. Dabei hat er mich gefragt: „Na, Karin, möchtest du Mohrrüben aussäen?“
Warum hat er mich das gefragt?

Kannst du Karin die Frage beantworten?

● Name: (44)

Lange Wörter

Seifen	stein
Regen	blasen
Edel	schaum
Sonnen	bogen
Seifen	schein
kugel	leicht
feder	rund

Kannst du einen Regenbogen malen?

■ Name: (45)

Paul, Tilo, Max und Sascha singen.
Tilo steht neben der Katze.
Max steht neben Tilo.
Sascha ist der kleinste Junge.
Wer ist Paul?

☐ ☐ ☐ ☐ ☐

■ Name: (46)

Auf dem Bild siehst du Hans, Tilo, Felix, Anne, Anke und Sabine.
Tilo ist der kleinste Junge. Der größte Junge heißt Hans.
Das kleine Mädchen heißt Sabine. Anke heißt das Mädchen mit der Brille. Anne steht zwischen Hans und Tilo.
Wie heißt der Papagei? ____________

■ Name: (47)

Peter, Klaus, Maxi, Paul, Tilo, Udo, Lutz, Olaf und Uwe spielen.
Peter, Paul, Tilo und Uwe spielen mit dem Schiff. Klaus kommt mit der kleinen Fahne. Den Namen schreibt Udo mit dem Pinsel. Lutz holt sich die großen Bücher.
Wer spielt mit dem Kreisel?

● Name: (48)

Tierrätsel

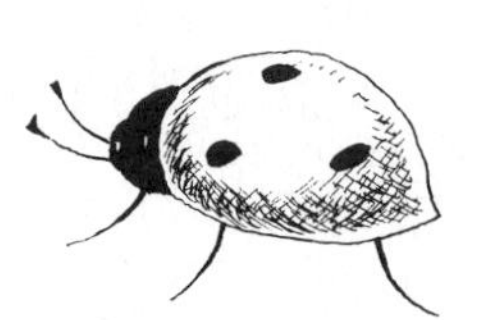

Sitzt am Teiche jeden Tag
und singt sein Liedchen:
Quak, quak, quak.

Stacheln hat er auf dem Rücken.
Niemand möchte gern ihn drücken.

Wer schleicht so leise durch das Haus,
schleckt Milch und fängt sich eine Maus?

Er hat ein rotes Kleidchen an
und viele schwarze Punkte dran.

Sie watschelt über die Brücken
und trägt ein Bett auf dem Rücken.

● Name:

Wer fragt so?
Ordne die Fragen den Bildern zu!

Spielst du mit mir?	**Hast du dir auch die Pfoten gewaschen?**
Versteckt sich hinter dem Loch ein Mäuschen?	**Siehst du nun endlich den Mond?**
Willst du das ganze Brot alleine fressen?	**Hast du den Text nicht gelernt, daß du immer nur "la, la" singst?**

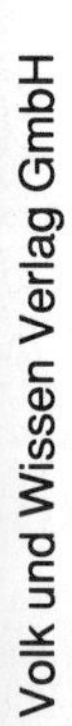

■ Name: (50)

Rätsel

Wie heißt das Glöckchen
im weißen Röckchen?
Es reckt aus dem Schnee
sich schon in die Höh'.

die Zwiebel

Hat ein Häuschen
hart wie Stein,
doch was drin ist,
das schmeckt fein.

Erst weiß wie Schnee,
dann grün wie Klee,
dann rot wie Blut -
schmeckt allen Kindern gut.

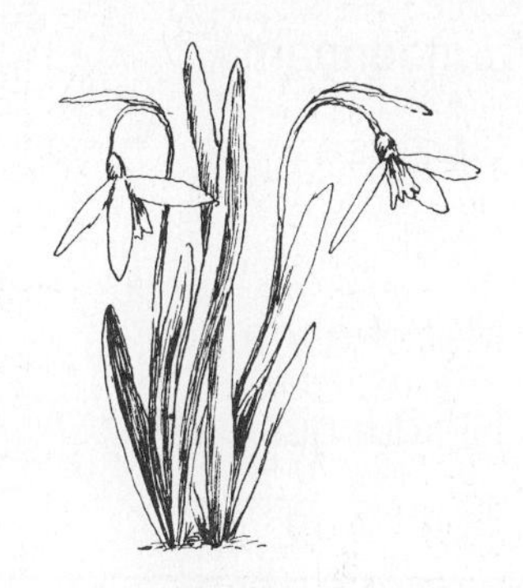

Rate, was ich weiß,
es brennt
und ist nicht heiß.

die Brennessel

Hat sieben Häute,
beißt alle Leute.

■ Name: (51)

Scherzfragen

Schneeglöckchen
der Hahn
Tannennadeln
Wasserhähne
die Zwiebel
die Schnecke
die Handschuhe

Welche Hähne können nicht krähen?

Wer beißt und hat keine Zähne?

Wer geht alle Tage aus
und bleibt doch zu Haus?

Wer hat einen Kamm und kämmt sich nicht?

Welche Glöckchen hört man nicht?

Welche Nadeln taugen nicht zum Nähen?

Welche Schuhe sind ohne Sohle?

Name:

Rätsel

Schreibe die Anfangsbuchstaben der Lösungswörter in die Kästchen.

Lies von oben nach unten.
Das Lösungswort nennt ein Fahrzeug.

hoher Turm	☐	ENTE
Tier	☐	ERIK
zeigt die Zeit an	☐	ELKE
Jungenname	☐	FERNSEHTURM
Gemüse	☐	ROLLER
Obst	☐	RADIESCHEN
Mädchenname	☐	WEINTRAUBEN
Kleidungsstück	☐	UHR
Spielzeug	☐	HEMD

Lies von oben nach unten.
Das Lösungswort nennt,
was Kinder gern tun.

Tier im Wasser	☐	ERBSEN
Gemüse	☐	NASE
schwarzer Vogel	☐	ELEFANT
hast du im Gesicht	☐	FISCH
Werkzeug	☐	RABE
Tier mit Rüssel	☐	NULL
Du schreibst darin	☐	ELKE
Mädchenname	☐	HEFT
3 - 3	☐	SÄGE

Lies von oben nach unten.
Das Lösungswort nennt,
was Kinder gern tun.

Märchenfigur	☐	FEUERWEHR
Beruf	☐	HAMMER
Jungenname	☐	ENTE
Fahrzeug	☐	ARZT
Obst	☐	RIESE
Werkzeug	☐	NINA
Blume	☐	DIETER
Tier	☐	APFEL
Mädchenname	☐	ROSE

● Name: (53)

Kennst du das Märchen?

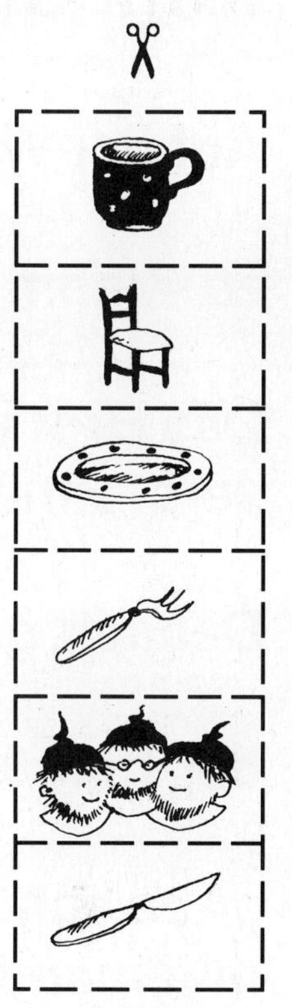

Die sieben zündeten ihre Lichtlein an. Als es hell in der Stube wurde, sahen sie, daß jemand darinnen gewesen war. Sie fragten:

„Wer hat auf meinem gesessen?“

„Wer hat von meinem gegessen?“

„Wer hat mit meiner gestochen?“

„Wer hat mit meinem geschnitten?“

„Wer hat aus meinem getrunken?“

● Name: (54)

Kennst du das Märchen?

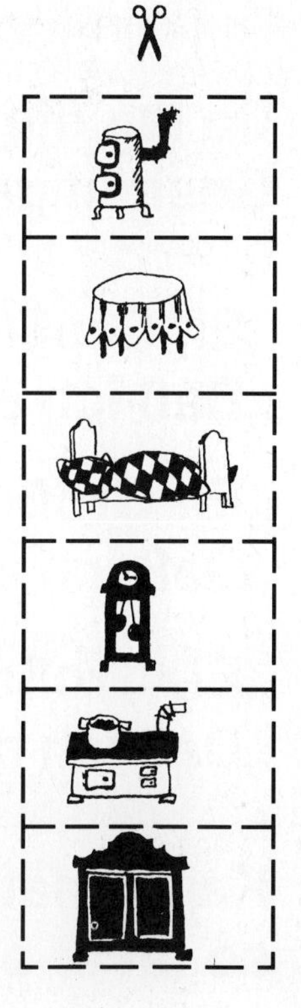

Wer aber hereinkam, das war der Wolf. Sie erschraken und wollten sich verstecken.

Das eine sprang unter den ,

das zweite ins , das dritte

in den , das vierte in die ,

das fünfte in den ,

das sechste unter die

und das siebente in den Kasten der .

- Name: (55)

Kennst du das Märchen?

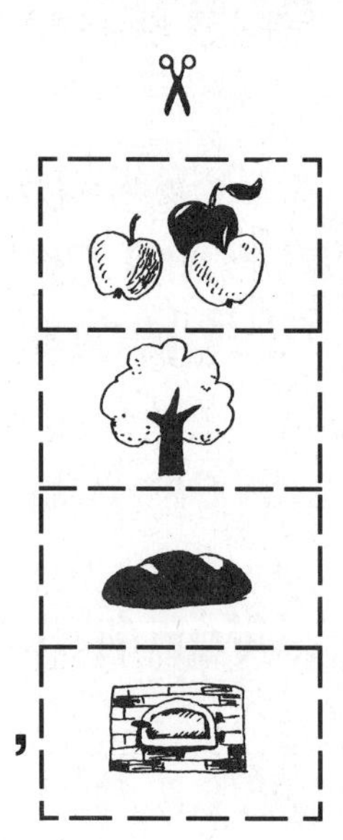

Auf der Wiese ging es fort und kam

zu einem , der war voller .

Das Brot aber rief: „Ach zieh' mich raus, sonst verbrenne ich!“

Danach ging es weiter und kam zu einem ,

der hing voller und rief ihm zu:

„Ach schüttel mich, schüttel mich, wir sind alle miteinander reif.“

- Name: (56)

Kennst du das Märchen?

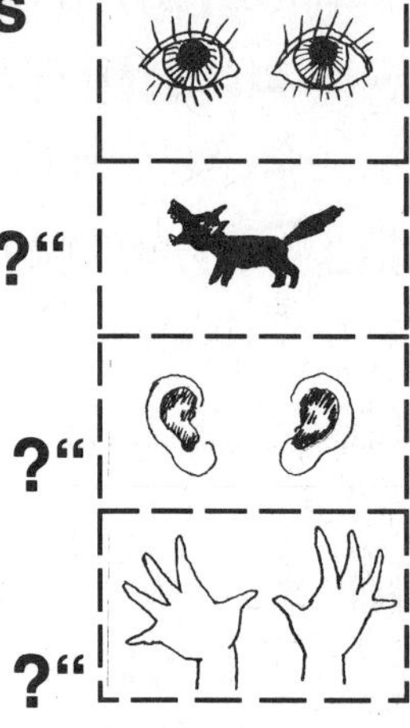

Da lag die Großmutter und hatte die Haube tief ins Gesicht gezogen.

„Ei, Großmutter, was hast du für große ?“
„Daß ich dich besser hören kann!“

„Ei, Großmutter, was hast du für große ?“
„Daß ich dich besser sehen kann!“

„Ei, Großmutter, was hast du für große ?“
„Daß ich dich besser packen kann!“

Kaum hatte der das gesagt, so tat er einen Satz aus dem Bett.

Was stimmt nicht?

1. Die sieben Zwerge zündeten ihre Lichtlein an.
Als es hell im Stübchen wurde, sahen sie, daß jemand dort gewesen war.
Der erste sprach:
"Ei, Großmutter, was hast du für große Ohren?"
Der zweite sprach:
"Ei, Großmutter, was hast du für große Augen?"

---

2. Da lag die Großmutter und hatte die Haube tief ins Gesicht gezogen.
Rotkäppchen fragte:
"Wer hat auf meinem Stühlchen gesessen?"
"Wer hat von meinem Tellerchen gegessen?"

---

3. Als es erwachte und wieder zu sich kam, war es auf einer schönen Wiese,wo die Sonne schien und viel tausend Blumen standen. Auf dieser Wiese ging es weiter und kam zu einem Backofen, der war voller Brot; das Brot aber rief: "Knusper, Knusper, Knäuschen, wer knuspert an meinem Häuschen?"

---

4. Hänsel reichte in die Höhe und brach sich ein wenig vom Dach ab, um zu versuchen, wie es schmeckte,und Gretel stellte sich an die Scheiben und knusperte daran. Da rief eine feine Stimme aus der Stube heraus:
"Ach zieh mich raus, sonst verbrenne ich! Ich bin längst ausgebacken!"

✂ Schneide die Texte auseinander und klebe sie richtig unter die passende Überschrift!

1. Frau Holle

2. Hänsel und Gretel

3. Schneewittchen

4. Rotkäppchen

3. Methodische Hinweise zum Einsatz der mathematischen Übungen

Die Auswahl der auf den Kopiervorlagen angebotenen mathematischen Übungen trifft der Lehrer entsprechend der individuellen Entwicklung der Kinder seiner Klasse. Die Aufgaben sind nicht an bestimmte Lehrbuchseiten gebunden.
Das Lösen der mathematischen Aufgaben (1 bis 34) dient dem Festigen entsprechender Lerninhalte wie

- Einprägen von Kenntnissen über Grundaufgabengleichungen der Addition und Subtraktion,
- Identifizieren, Realisieren und Anwenden mathematischer Begriffe,
- Ausbilden von Können im Addieren und Subtrahieren natürlicher Zahlen von 0 bis 20,
- Ordnung der natürlichen Zahlen von 0 bis 100.

Es werden aber auch Aufgaben kombinatorischen oder stochastischen Charakters angeboten. Sie dienen sowohl der Festigung bekannter Lerninhalte als auch der Erweiterung des Wissens und Könnens der Kinder.
Das Lösen von Aufgaben dieser Art trägt in besonderem Maße zur Entwicklung des Denkvermögens der Kinder bei und fördert ihre Aktivität. Da für die Entwicklung einer kombinatorischen oder stochastischen Denkweise aus psychologischen Gründen ein sehr langer Zeitraum notwendig ist, empfehlen wir, das Lösen derartiger Aufgaben in den nachfolgenden Klassenstufen kontinuierlich fortzusetzen. (Weitere Arbeitsblätter sind vorgesehen.)
Beim Lösen von Aufgaben kombinatorischen Charakters (35 bis 42) beantwortet der Schüler in der Regel die Fragen:

1. **Welche Möglichkeiten gibt es**, Elemente einer endlichen Menge nach bestimmten Bedingungen auszuwählen oder anzuordnen?
2. **Wie viele Möglichkeiten gibt es** dafür insgesamt?

Aufgaben stochastischen Charakters (43 bis 48) spiegeln zufällige Erscheinungen der unmittelbaren Erlebnis- und Erfahrungswelt der Kinder wider. Die Schüler beantworten dabei häufig Fragen, wie:

- Was ist sicher?
- Was ist möglich oder nicht möglich?
- Was ist unmöglich?
- Was tritt häufiger ein? Ist das immer so?

Im Vollzug des Lösungsprozesses unterscheiden sich Aufgaben kombinatorischen oder stochastischen Charakters von den traditionellen Aufgaben der Lehrbücher und Arbeitshefte. Die Schüler kommen über praktisch-gegenständliches Handeln, über zunehmend systematisches Probieren sowie über inhaltliche Überlegungen zur Lösung der entsprechenden Aufgabe. Dabei sind auch anfangs Phasen des unsystematischen Probierens, ja sogar des Erratens von Ergebnissen mitunter recht produktiv für das Gewinnen neuer Erkenntnisse. Differenzierte Aufgabenstellungen ("Nenne eine, zwei, ..., alle Möglichkeiten ...!) führen so zu

Erfolgserlebnissen jedes einzelnen Kindes. Ebenso ist auch die jeweilige Handlungsebene beim Lösen der Aufgaben vom Entwicklungsstand des entsprechenden Kindes abhängig.

Es wird immer Kinder geben, die zur Lösung der Aufgabe praktisch-gegenständliche Handlungen vollziehen müssen. Andere sind bereits in der Lage, auf der Grundlage inhaltlicher Überlegungen und bereits erworbener Erfahrungen Vermutungen zum Ergebnis der Aufgabe zu äußern. Anschließend können sie dann ihre Vermutung im Experiment überprüfen. Sprachlich-kommunikative Handlungen (Warum ist das so? Ist das immer so?) sollten besonders bei Aufgaben stochastischen Charakters eine Rolle spielen.
Mit den Aufgaben kombinatorischen oder stochastischen Charakters hat der Lehrer eine weitere Möglichkeit, die Individualität jedes einzelnen Kindes zu fördern.
Sowohl die Inhalte der Aufgaben als auch die für die Lösung auszuführenden praktisch-gegenständlichen Handlungen enthalten spielerische Elemente. Das Lösen solcher Aufgaben weckt Freude am Lernen und stärkt das Vertrauen der Kinder in ihr Leistungsvermögen.

Aufgaben	Inhalt der Aufgaben	Methodische Hinweise
1 ● 2 ■	Addition und Subtraktion bis 10 Addition und Subtraktion bis 20	Lösen der Aufgabe und Eintragen der Summe/Differenz in das jeweilige Rechenkästchen
3 ● 4 ■	Ermitteln des Summanden, wenn Summe 10 gegeben ist Grundaufgaben der Subtraktion, in denen der Minuend eine zweistellige Zahl ist	Aufgabenstellungen unterstützen die Vorbereitung des Lösens von Grundaufgaben der Addition mit Überschreiten der Zahl 10. Schüler bestimmen den Subtrahenden und bilden die Gleichung.
5 ● 6 ■	Addition bis 20 Gruppenbildung für Grundaufgabengleichungen der Addition und Subtraktion	Schüler beschreiben das Bild und bilden eine (oder mehrere) Gleichungen. Gleichungspaare aufschreiben
7 ● 8 ■	Grundaufgabengleichungen der Addition und Subtraktion, in denen Summe oder Minuend eine zweistellige Zahl ist	Aufgabenlösung - Paarbildung zur Addition, Subtraktion oder jeweils zu beiden Operationen Lehrer/Schüler entscheiden selbst - Gruppenbildung zu Grundaufgabengleichungen für Addition und Subtraktion

Aufgaben	Inhalt der Aufgaben	Methodische Hinweise
9 ● 10 ●	Addition und Subtraktion bis 20 ohne Überschreiten der Zahl 10	Summe/Differenz eintragen
11 ● 12 ■	wie bei 9/10	1. Summe/Differenz bestimmen; Summand/Subtrahend aus Figur zuordnen 2. Summand/Subtrahend bestimmen; Summe/Differenz aus Figur entnehmen
13 ● 14 ■	Addition und Subtraktion bis 20 mit Überschreiten der Zahl 10	1. Nutzen der Zahlen rechts zur Selbstkontrolle 2. Lösen der Aufgabe rechts und Eintragen der Ergebnisse links in das entsprechende Teil der Windmühle
15 ● 16 ■	wie 13/14	Aus vorgegebenen Zahlen die auswählen, die zur Bildung der Summe/Differenz führen
17 ● 18 ■	Addition/Subtraktion bis 10 ohne Überschreiten der Zahl 10 Addition/Subtraktion mehrerer Summanden/Subtrahenden	1. Lösen der jeweiligen Aufgabe und Feststellen, welche Farbe für die Summe/ Differenz vorgesehen ist; Beim Vergleichen können die Schüler die Farben nennen. 2. ebenso
19 ● 20 ■	Subtraktion bis 20 mit Überschreiten der Zahl 10 Addition bis 20 mit Überschreiten der Zahl 10	1. Aufgabenserie, bei der der Schüler zuerst über die bildhafte Darstellung den ersten Minuenden ermitteln muß 2. Aufgabenserie, bei der der Schüler den ersten Summanden aus der bildhaften Darstellung entnehmen muß; Die letzte Gleichung gibt die Gesamtzahl der Fische an.
21 ● 22 ■	Ordnung der Zahlen von 0 bis 100	1. Startzahl ist 11. Zur Kontrolle sind die Zahlen 16,21,25 und 34 angegeben. 2. Zu einer vorgegebenen Zahl Vorgänger und Nachfolger eintragen
23/24 ▲ 25 ▲	Addition und Subtraktion bis 20 wie 23/24	Erzählen einer Rechengeschichte, dabei Gleichungen bilden ohne Zahlenvorgabe; Erzählen einer Rechengeschichte, dabei Aufgaben stellen, die der Partner lösen soll

Aufgaben	Inhalt der Aufgaben	Methodische Hinweise
26 ▲	wie 23/24	Überlegen, was man alles dem Bild entsprechend rechnen kann; Formulieren von Aufgaben für den Partner
27 ▲	Addition und Subtraktion bis 20 ohne Überschreiten der Zahl 10	Häuser-Domino Spielverlauf: Jedes Kind bekommt zwei Dominokarten, die Karte mit dem A wird aufgedeckt. Nun wird abwechselnd angelegt. Wer nicht anlegen kann, nimmt eine Karte auf. (Die Karte mit dem E darf immer wieder untergemischt werden, solange Karten zum Aufnehmen da sind.) Gespielt wird, bis die Häuserreihe fertig ist.
28/29 ▲	Ermitteln der Summanden, wenn die Summe gegeben ist	Eisenbahn-Domino Spielverlauf wie 27; (Die Karte mit der Eisenbahn wird aufgedeckt.)
30 ▲	Addition (mit 2 Würfeln)	Schneemann-Würfelspiel Die Spielpartner stellen zusammen Spielregeln auf. Wenn es erforderlich ist, hilft der Pädagoge. Möglicher Spielverlauf: Die beiden Spieler nehmen jeder einen "Zahlenschneemann". Die beiden anderen Schneemänner werden zerschnitten. Im Wechsel werfen nun die Spieler beide Würfel gleichzeitig und errechnen die Summe der Augenzahlen. Erreichen sie damit eine angegebene Punktzahl auf ihrem Schneemann, legen sie das entsprechende ausgeschnittene Teil darauf.
31 ▲	Addition bis 10	Schneemann-Puzzle Planung wie 30 Möglicher Spielverlauf: Beide Spieler erhalten zwei Schneemannköpfe. Alle anderen Teile werden verdeckt auf den Tisch gelegt. Im Wechsel nehmen sie nun ein Teil auf. Paßt es zu einem ihrer begonnenen Schneemänner (man muß eine Gleichung bilden können), legen sie es an und nennen eine Gleichung. Nehmen sie ein Teil auf, das sie nicht anlegen können, wird es wieder verdeckt zurückgelegt.

Aufgaben	Inhalt der Aufgaben	Methodische Hinweise
32 ▲	beliebig verwendbar	Eisenbahn-Domino Die Kinder stellen selbst ein Rechendomino her.
33 ▲	Addition bis 20 (mit drei Würfeln)	Anna-Puzzle Die Spieler erlesen und besprechen die Spielregeln.
34 ▲	Addition bis 20 Ermitteln eines Summanden	Türme und Häuser - Würfelspiel Planung wie 30 Möglicher Spielverlauf: Ein Mitspieler nimmt Karte A, der andere die Karte B. Nun würfeln sie einmal. Der Spieler mit der höchsten Augenzahl beginnt . Er würfelt und rechnet aus, in welchem Turm/Haus er die gewürfelte Zahl einsetzen kann, um eine angegebene Summe zu erreichen, und schreibt sie mit einer anderen Farbe hinein. Dann ist der Mitspieler an der Reihe. So versuchen sie im Wechsel, die leeren Felder zu füllen. Sie überprüfen mit Hilfe eines Kontrollblattes die Ergebnisse des Partners. Sieger ist der Spieler, der zuerst seine Karte richtig vervollständigen konnte.
35 ● 36 ■	Anordnen von drei Elementen einer Menge	1. Die Schüler können über praktisch-gegenständliche Handlungen zur Anzahl der Möglichkeiten der einzelnen Türmchen gelangen. Dabei müssen die Schüler nicht alle 6 Möglichkeiten finden. Die Anzahl der unterschiedlichen Möglichkeiten ist im Kreis eingetragen. 2. Die Schüler kommen über bildhaftes Darstellen zu unterschiedlichen Möglichkeiten.
37 ● 38 ■	Anordnen wie 35/36	wie 35/36
39 ● 40 ■	Auswählen und Anordnen von Elementen	Die Schüler wählen von drei Farben (Früchten) immer zwei Farben (Früchte) aus und finden so die Anzahl der Möglichkeiten. Auch hier müssen die Schüler nicht alle sechs Möglichkeiten finden.

Aufgaben	Inhalt der Aufgaben	Methodische Hinweise
41 ● 42 ■	Auswählen und Anordnen von Elementen (Zahlen)	wie 39/40
43 ● 44 ■ ▲	- Ausführen eines Zufallsexperiments - Beobachten der zufällig eingetretenen Ereignisse (Chancengleichheit)	Es ist empfehlenswert, daß der Lehrer die Ergebnisse der Kinder im Gespräch auswertet. Die Schüler können feststellen: 1. Zahl oder Blatt treten gleich häufig auf 2. Zahl tritt häufiger auf 3. Blatt tritt häufiger auf Beim Vergleichen weiterer Werte stellt man fest: Zahl und Blatt haben die gleiche Chance aufzutreten. (Augenzahlen 1 bis 6 beim Würfel ebenso)
45 ● 46 ■ ▲	wie 43/44 (Chancenungleichheit)	Feststellung der Schüler: 1. Blatt/Zahl tritt häufiger auf 2. Blatt/Blatt tritt häufiger auf 3. Zahl/Zahl tritt häufiger auf Auswertung: Warum ist das so? *Vielleicht* kann man schon erkennen: 1. Blatt/Zahl hat die größten Chancen (Möglichkeiten {BB; ZZ; BZ; ZB}) 2. Summe 7 (Bilden aller möglichen Grundaufgaben) hat die größten Chancen
47 ■ 48 ■ ▲	wie Aufgabe 43/44	Schüler soll aufgrund der in den Aufgaben 43 bis 46 gewonnenen Erfahrungen erstmals Vermutungen zum Eintreten des Ergebnisses anstellen und formulieren.

● **Name:** (1)

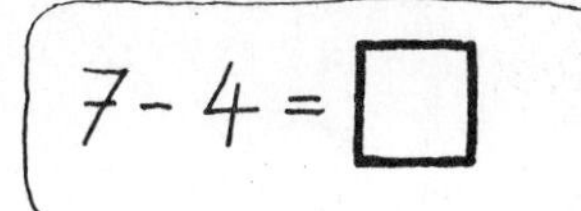

3 - 2 =

■ **Name:** (2)

● Name: (3)

Immer 10

9	+	1	=	1	0

✂ -

■ Name: (4)

Immer 8

1	1	-	3	=	8

● Name: (5)

Bilde eine Gleichung!

■ Name: (6)

Bilde vier Gleichungen!

● Name: (7)

Bilde immer zwei Gleichungen!

1. 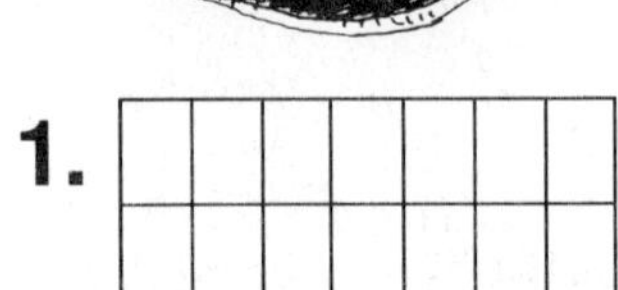 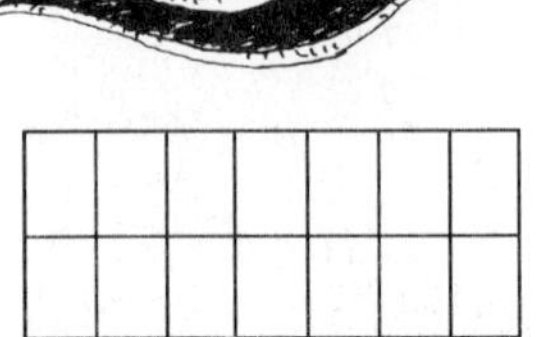

2. 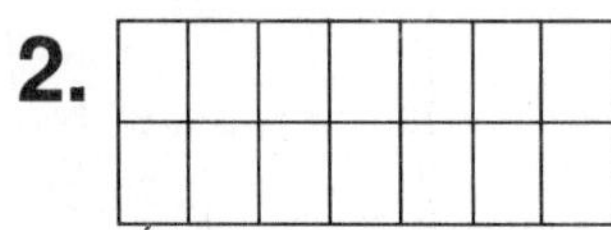

3. 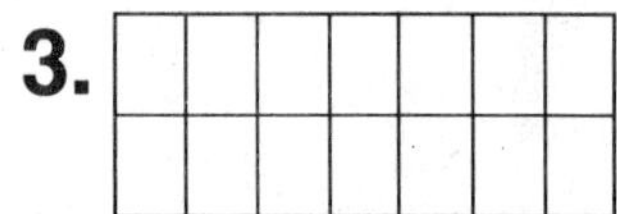

4. 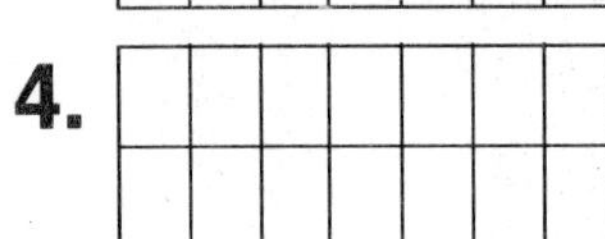

5. 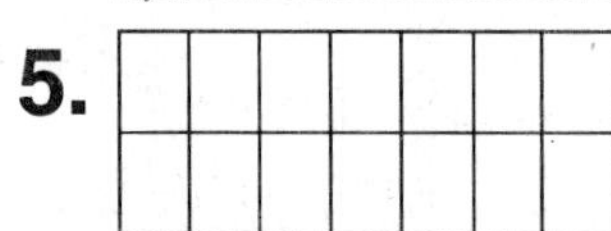

6. 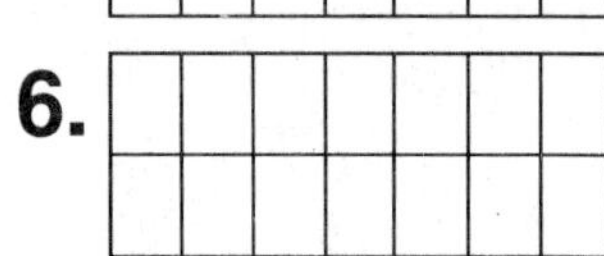

■ Name: (8)

Bilde immer vier Gleichungen!

1. 2. 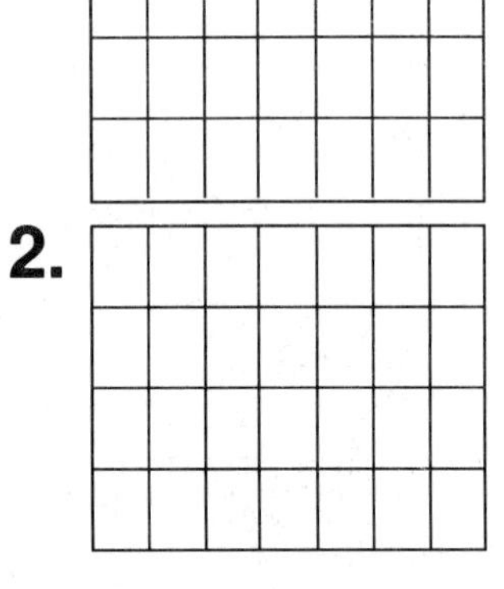

3. 4. 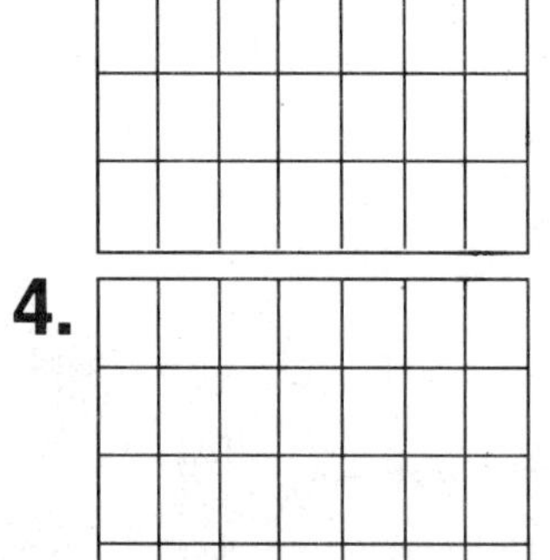

5. 6. 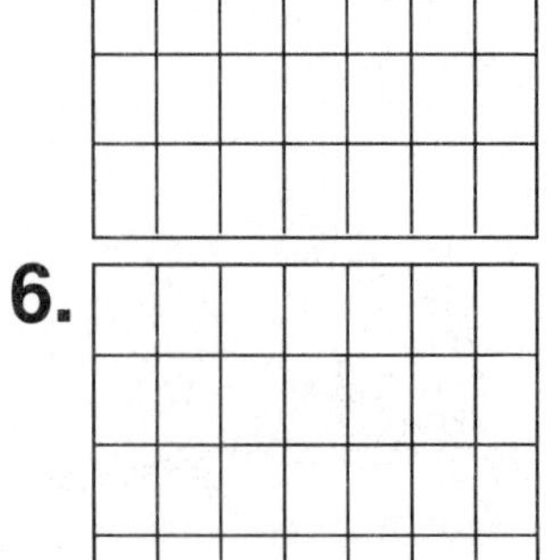

● **Name:**

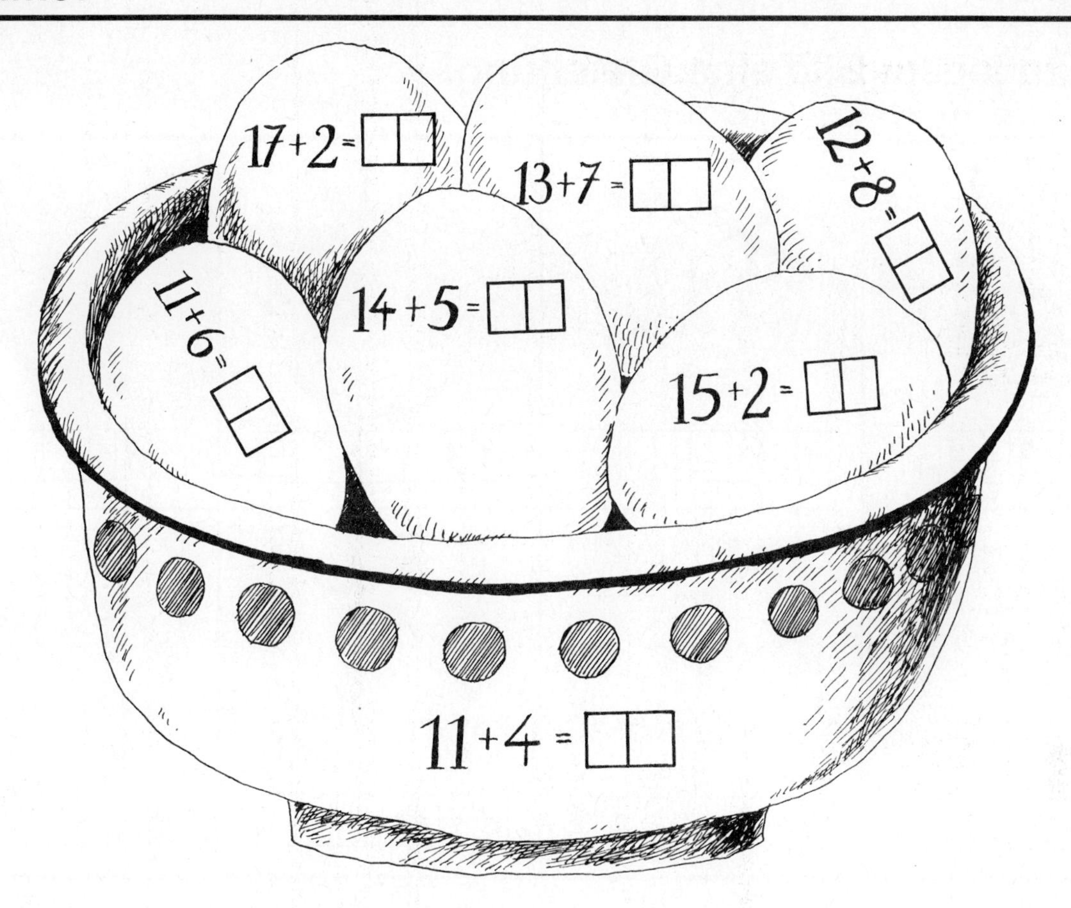

● **Name:**

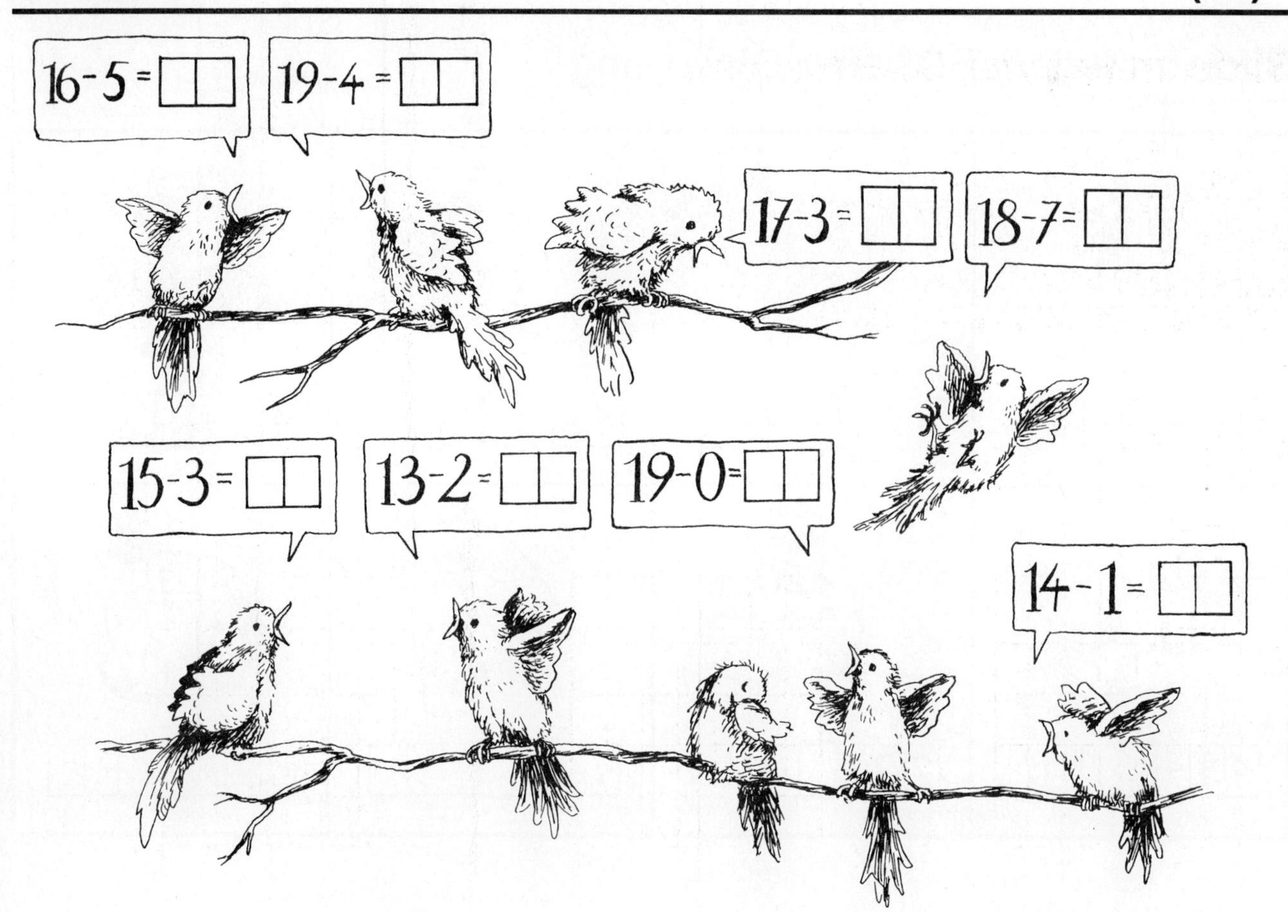

● Name: (11)

Bilde zu jedem Bild eine Gleichung!

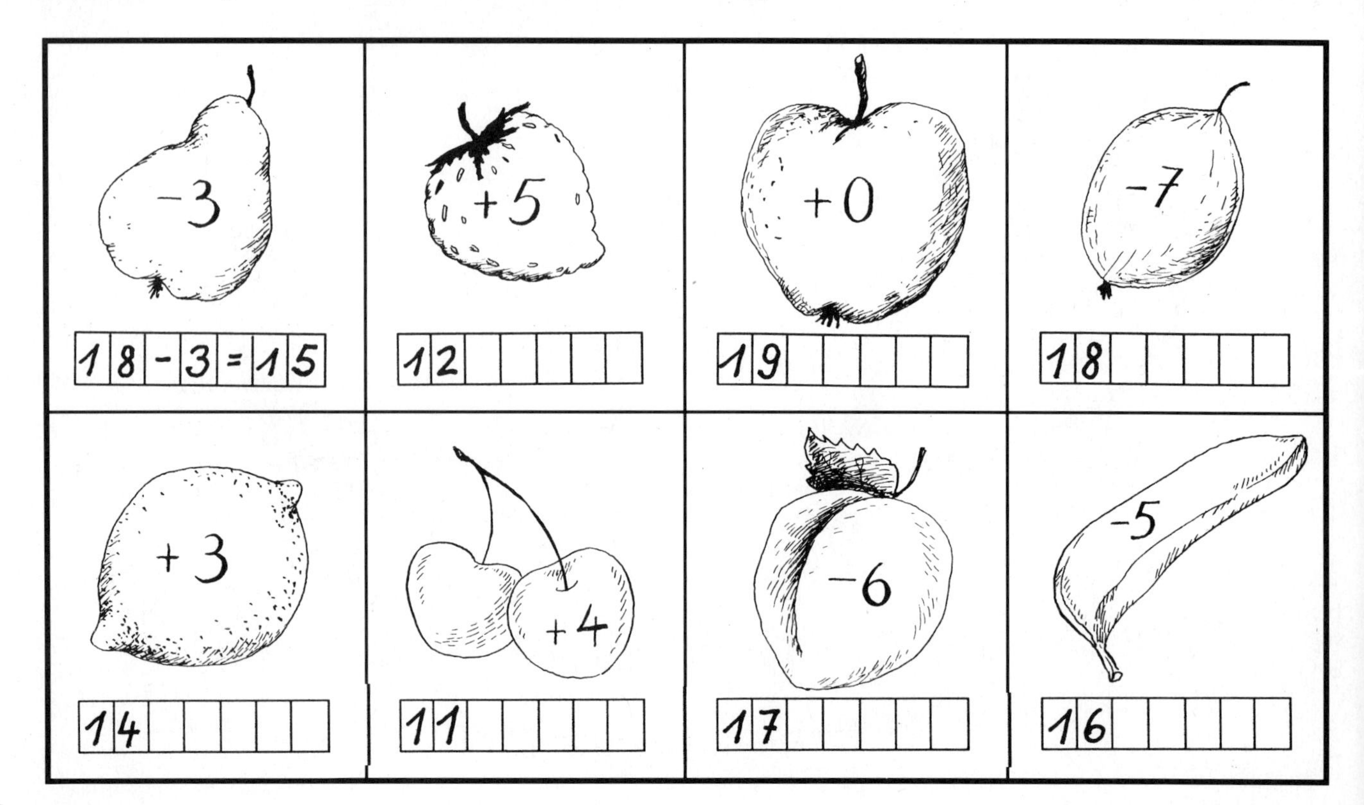

■ Name: (12)

Bilde zu jedem Bild eine Gleichung!

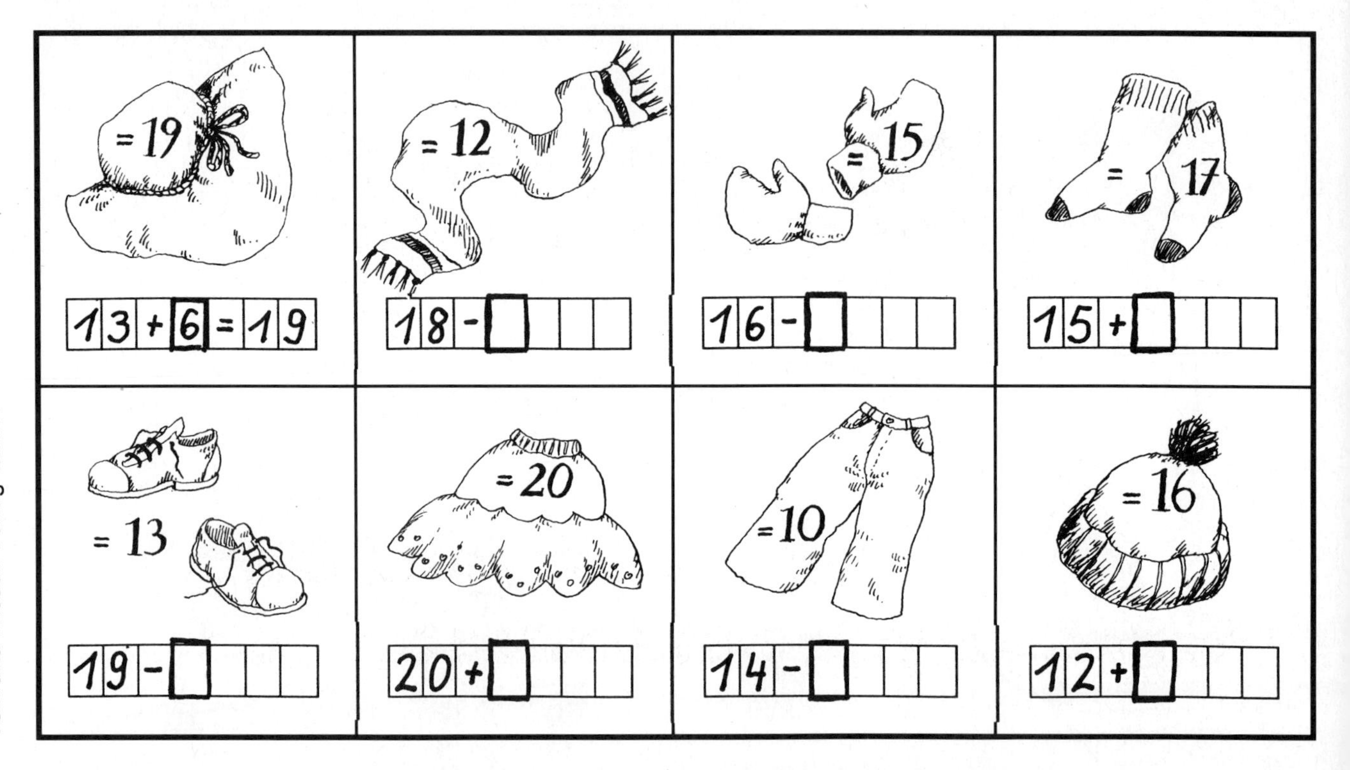

● Name: (13)

■ Name: (14)

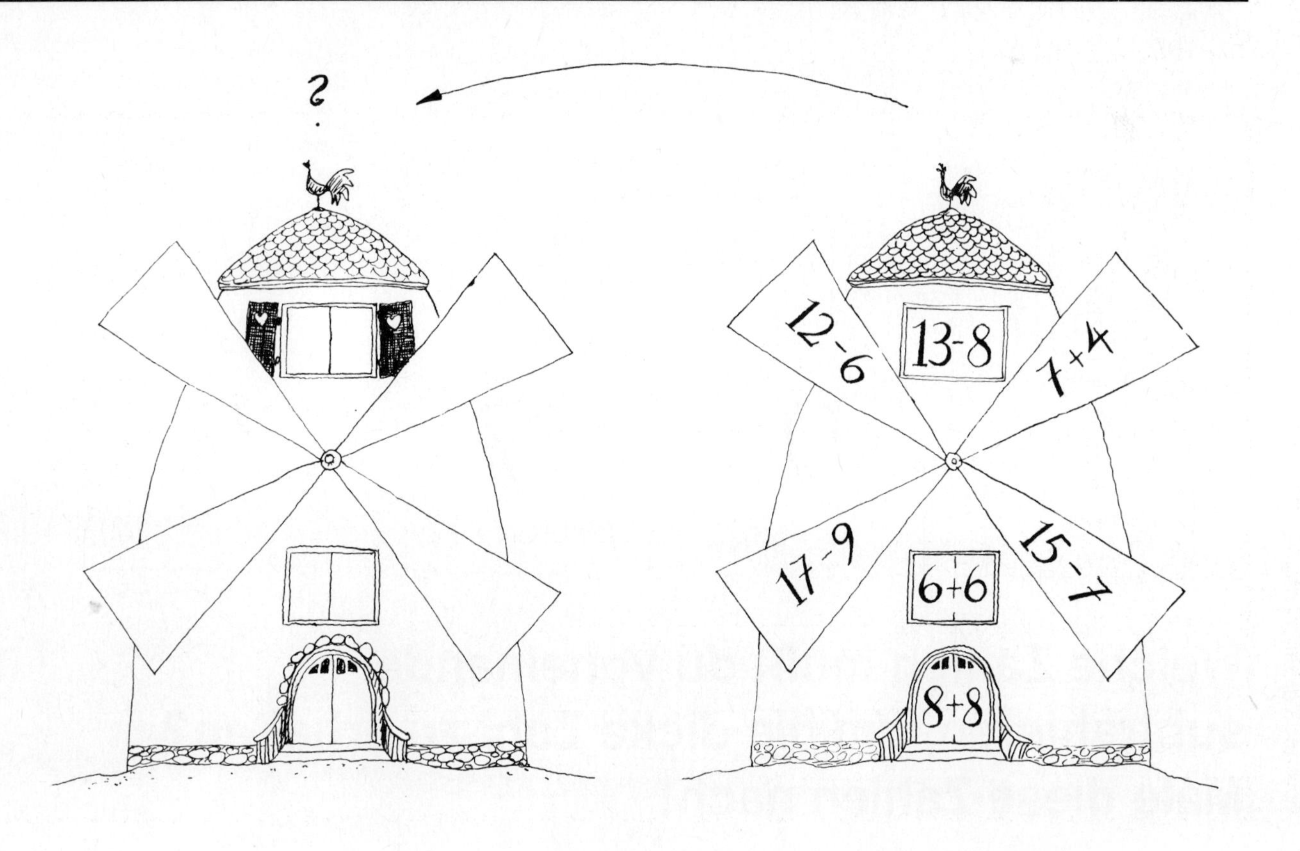

● Name: (15)

Welche Zahlen gehören zur dicken Summe?
Male diese Zahlen nach!

✂- -

■ Name: (16)

Welche Zahlen mußt du voneinander subtrahieren, um die dicke Zahl zu erhalten?
Male diese Zahlen nach!

Volk und Wissen Verlag GmbH

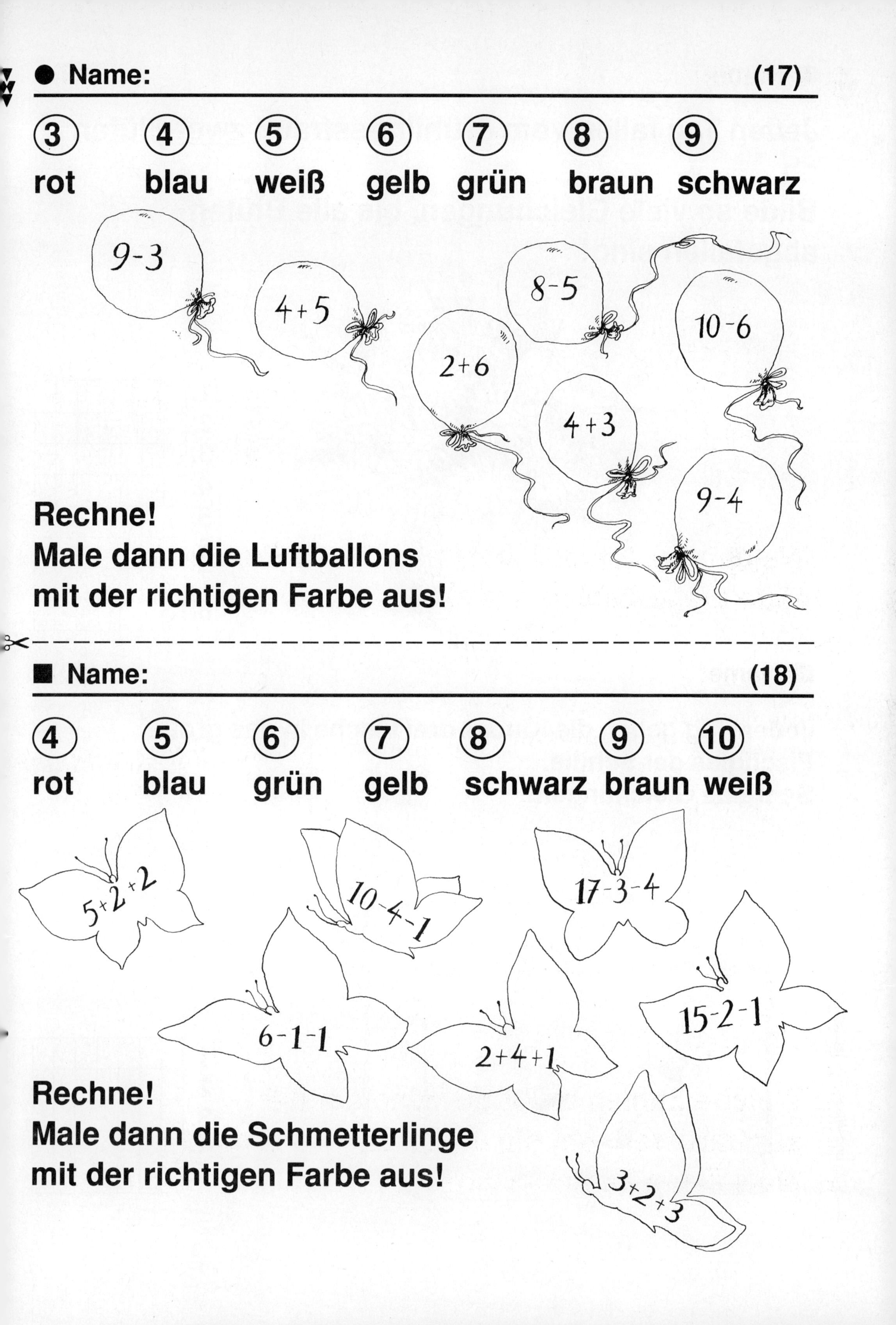

● Name: (17)

③	④	⑤	⑥	⑦	⑧	⑨
rot	blau	weiß	gelb	grün	braun	schwarz

Rechne!
Male dann die Luftballons mit der richtigen Farbe aus!

■ Name: (18)

④	⑤	⑥	⑦	⑧	⑨	⑩
rot	blau	grün	gelb	schwarz	braun	weiß

Rechne!
Male dann die Schmetterlinge mit der richtigen Farbe aus!

● Name: (19)

Jeden Tag fallen vom Frühlingsstrauß <u>zwei</u> Blüten ab.
Bilde so viele Gleichungen, bis alle Blüten abgefallen sind!

1.							
2.							
3.							
4.							
5.							
6.							
7.							
8.							

■ Name: (20)

Jeden Tag geben die Kinder drei Fische in das große Fischglas der Schule.
Schreibe Gleichungen!

1.							
2.							
3.							
4.							
5.	1	5	+	3	=	1	8

● Name: (21)

Zähle weiter!
Trage alle fehlenden Zahlen der Reihe nach ein!

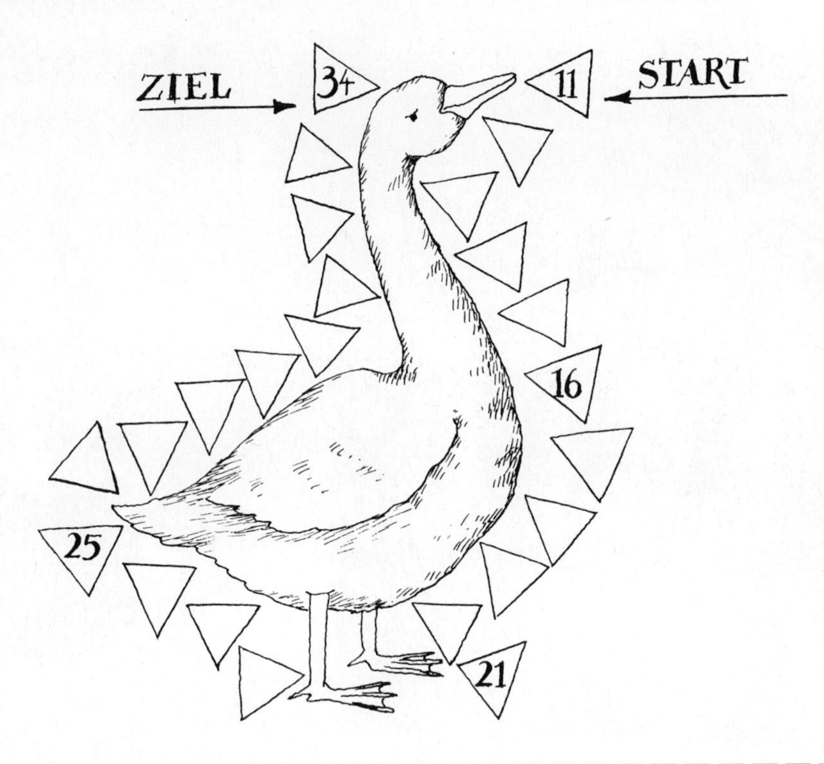

✂ -

■ Name: (22)

Trage den Vorgänger und Nachfolger der angegebenen Zahlen ein!

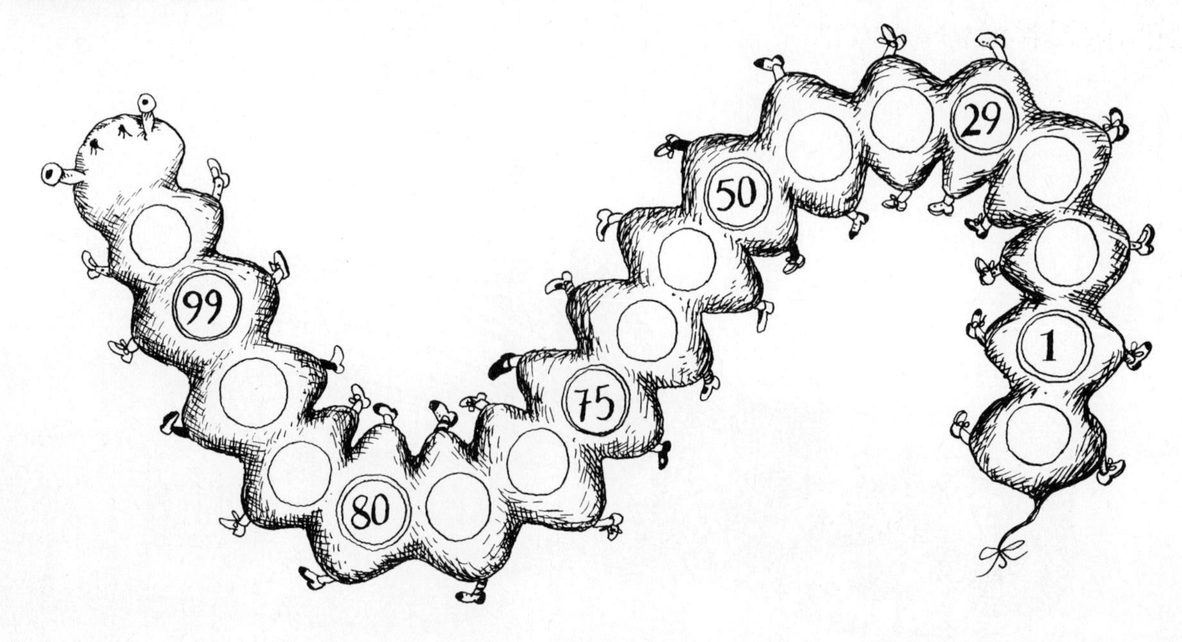

▲ Name: (23)

Erzähle deinem Partner eine Rechengeschichte!
Bilde dazu Gleichungen!

✂- -

▲ Name: (24)

Erzähle deinem Partner eine Rechengeschichte!
Bilde dazu Gleichungen!

▲ Name: (25)

Erzähle deinem Partner eine Geschichte!
Stelle dabei Aufgaben!

▲ Name: (26)

Was kannst du alles rechnen?
Stelle deinem Partner Aufgaben!

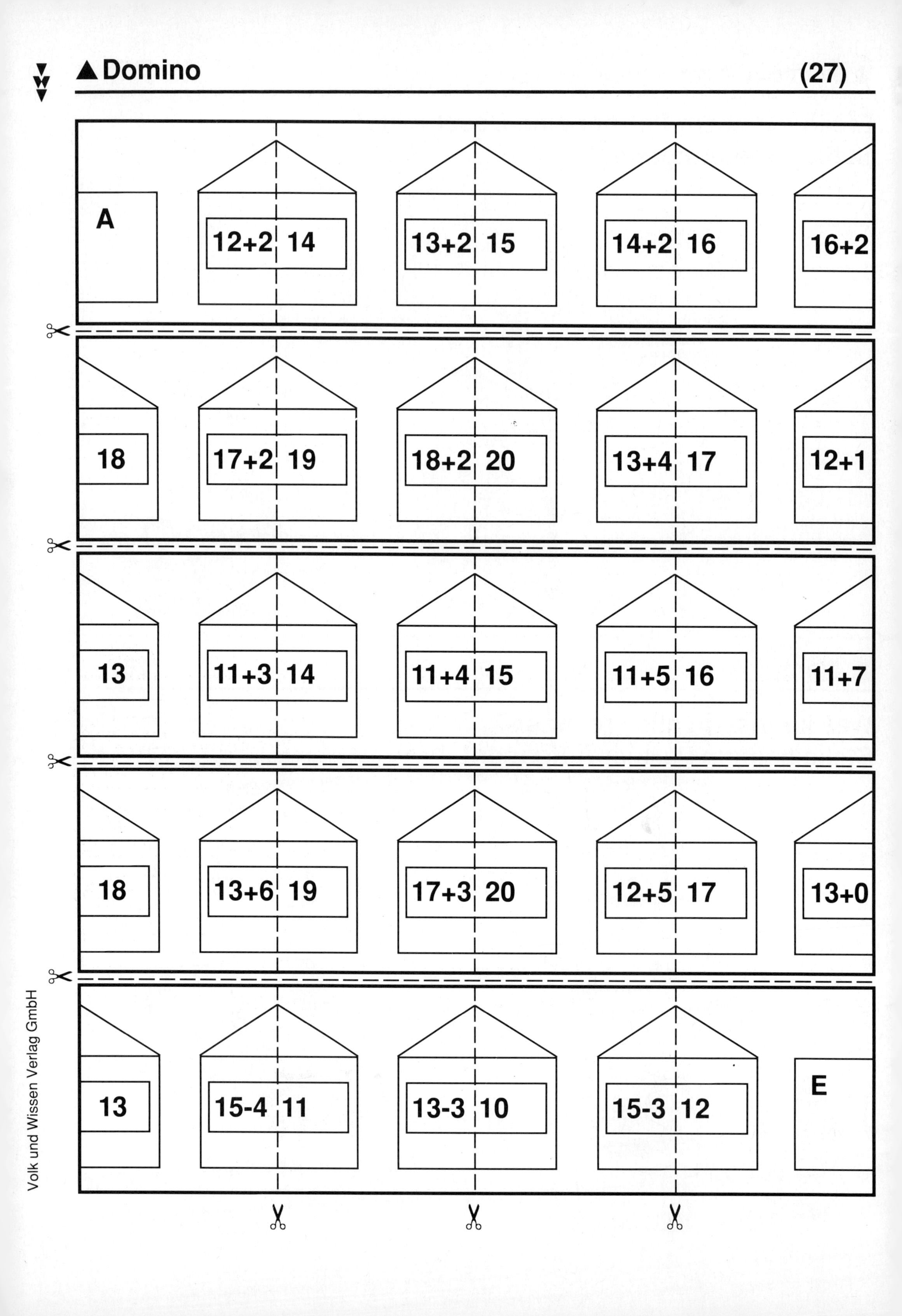
A
12+2 14
13+2 15
14+2 16
16+2
18
17+2 19
18+2 20
13+4 17
12+1
13
11+3 14
11+4 15
11+5 16
11+7
18
13+6 19
17+3 20
12+5 17
13+0
13
15-4 11
13-3 10
15-3 12
E

▲Domino

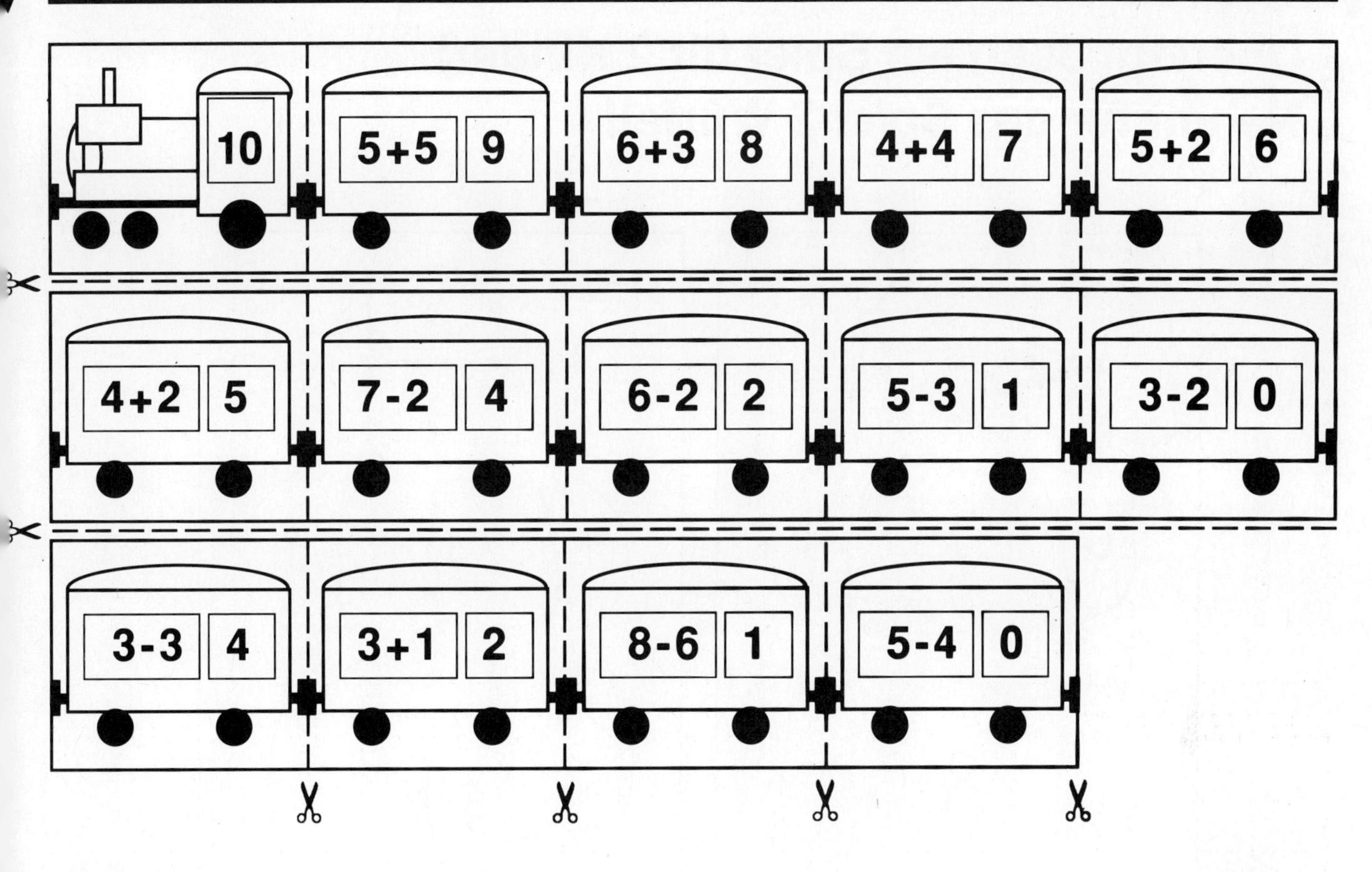

▲Domino

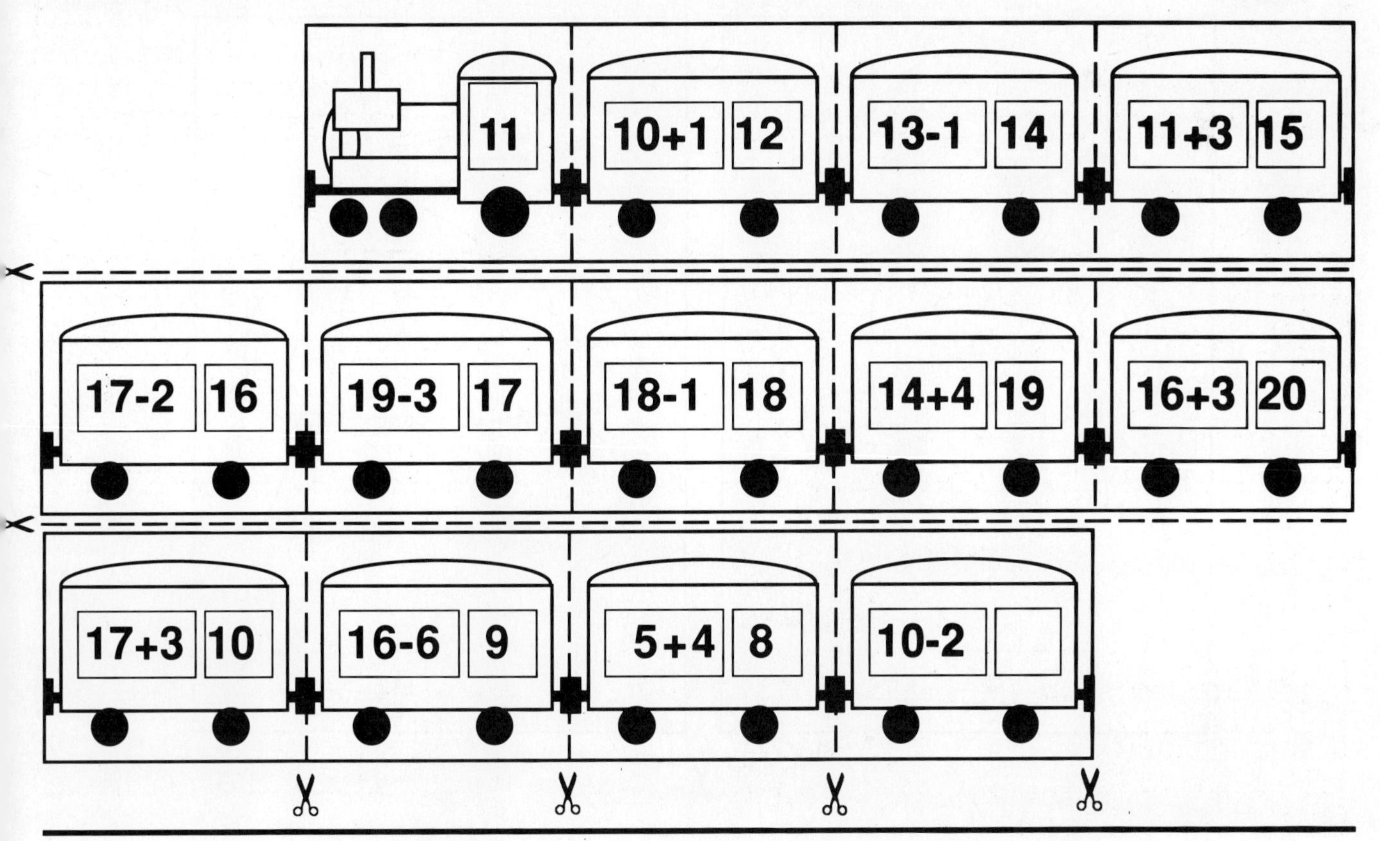

Überlegt euch ein Spiel für 2 Kinder!
Nehmt für das Spiel 2 Würfel!

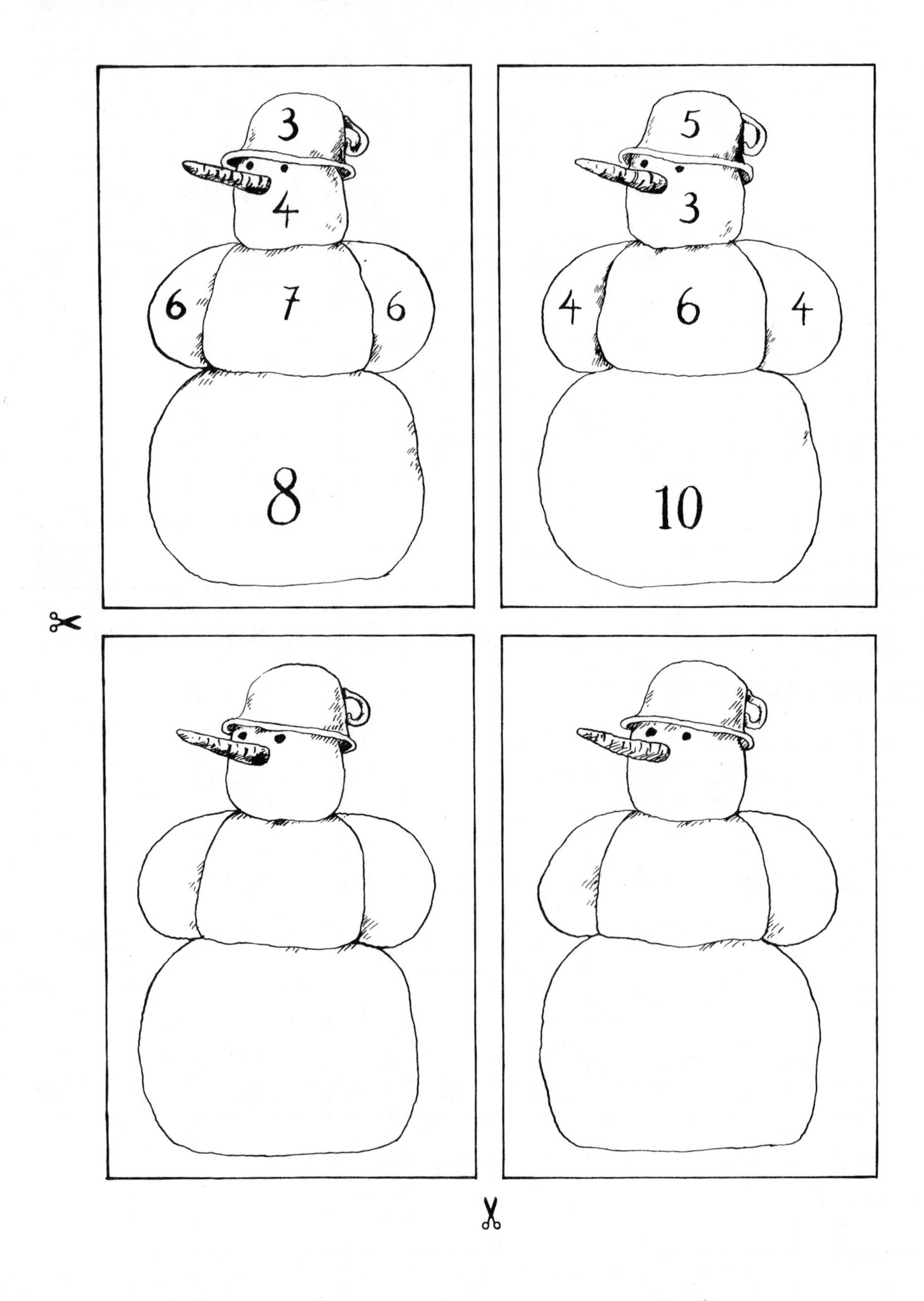

▲ Schneemann - Puzzle (31)

Überlegt euch ein Spiel für 2 Kinder!
Spielt es zusammen!

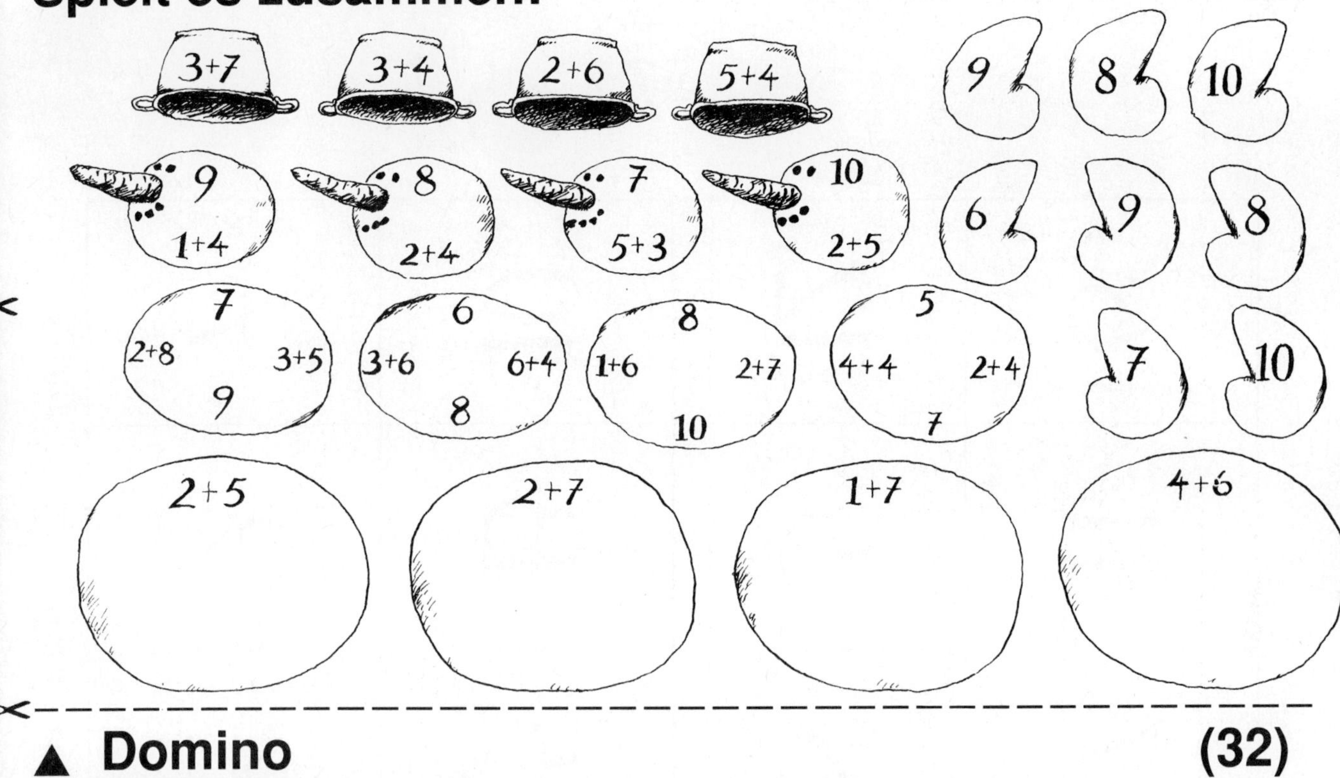

▲ Domino (32)

Fertige für ein anderes Kind ein Dominospiel an!
Spielt es zusammen!

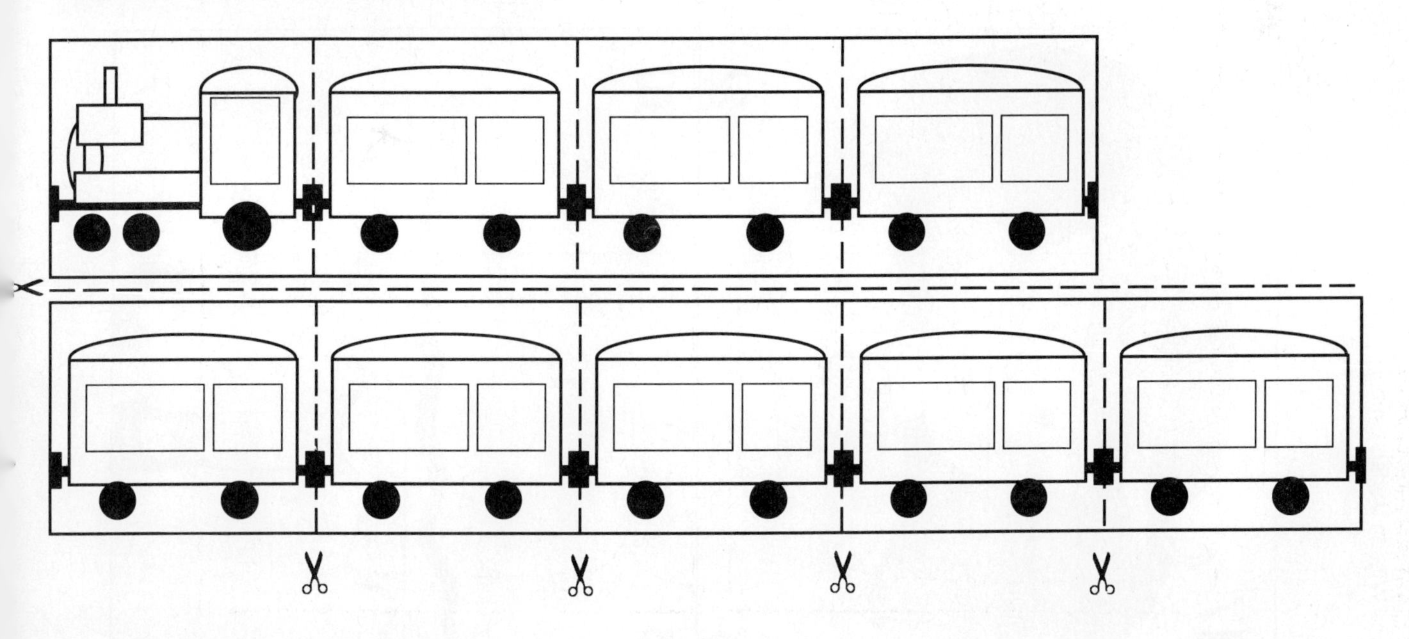

▲ Zahlen - Anna

Jeder nimmt sich eine Aufgabenkarte und ein Bild von Anna. Das Bild von Anna wird zerschnitten. Dann würfelt ihr im Wechsel. Wenn ihr die Summe der gewürfelten Zahlen auf der Karte habt, legt das richtige Teil von Anna darauf.
Wer hat seine Anna zuerst fertig?

17	11	6
8	5	12
15	13	10
14	9	7

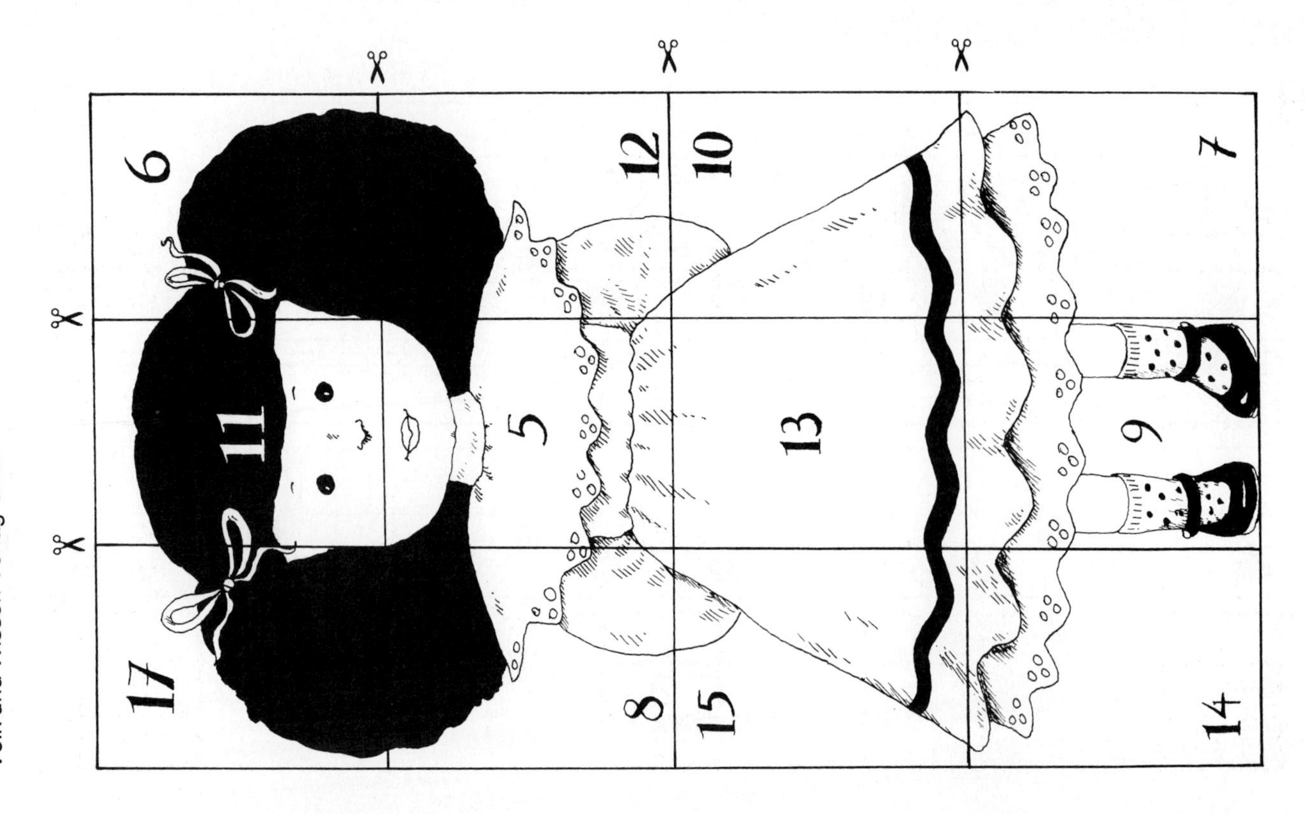

A

12
5
5

13
6
4

14
7
4

15
4
8

16
2
9

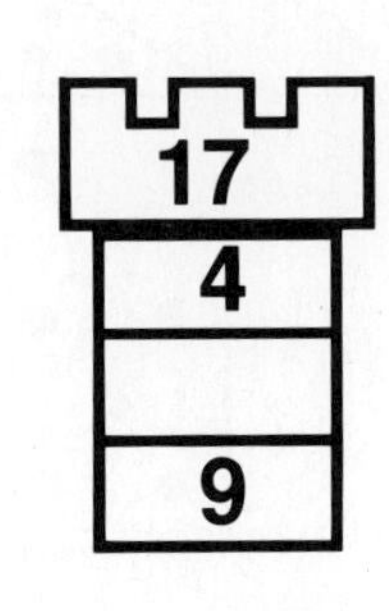

18
9
3

19
9
6

20
9
9

Wer hat zuerst seine fehlende Zahl gewürfelt?
Überlegt euch Spielregeln und sprecht darüber!

B

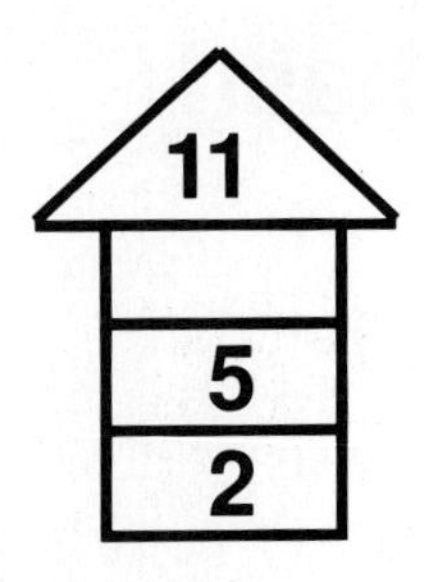

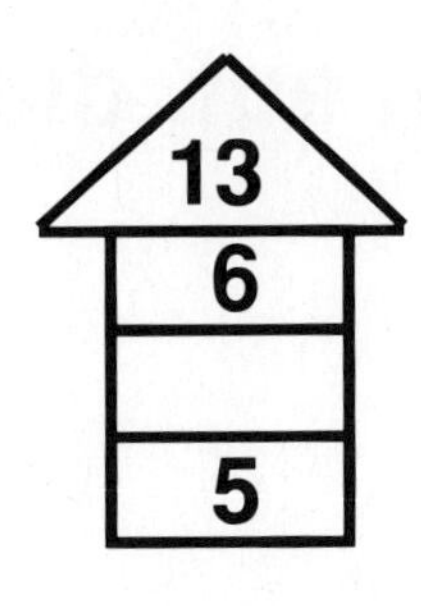

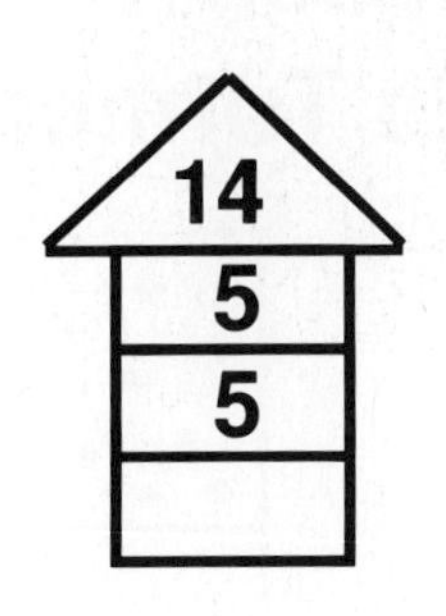

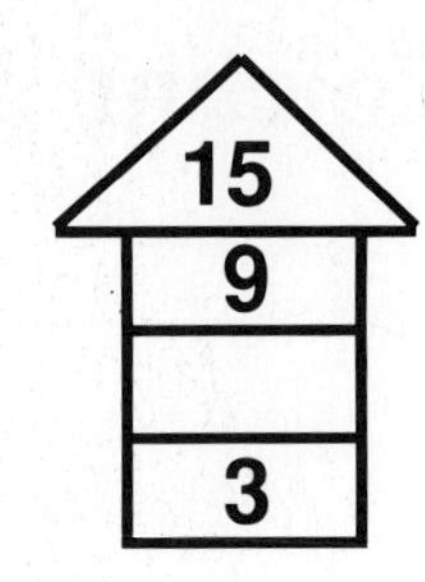

16
7
7

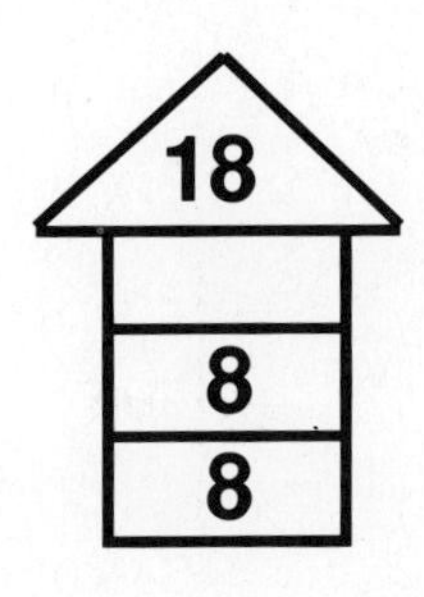

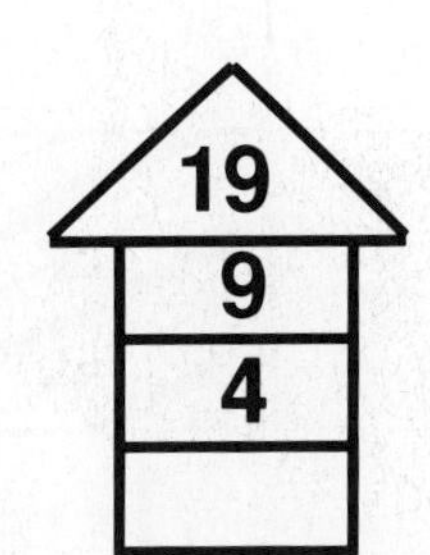

● Name: (35)

Schneide aus und lege Türmchen!
Beginne mit [small dotted cube icon] **!**
Wähle nun eine andere Reihenfolge der Bausteine!
Wie viele verschiedene Türmchen kannst du bauen?

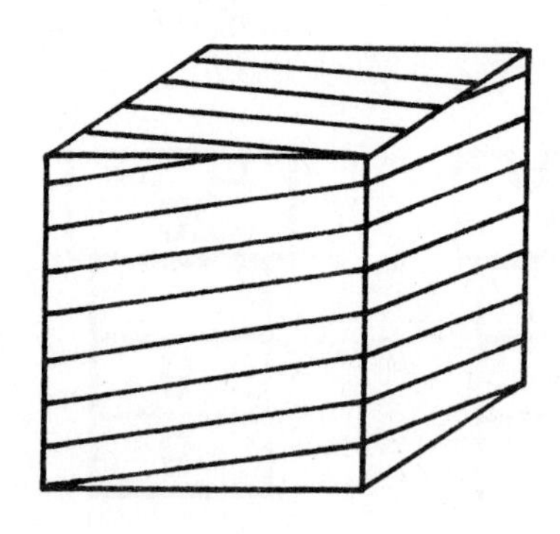

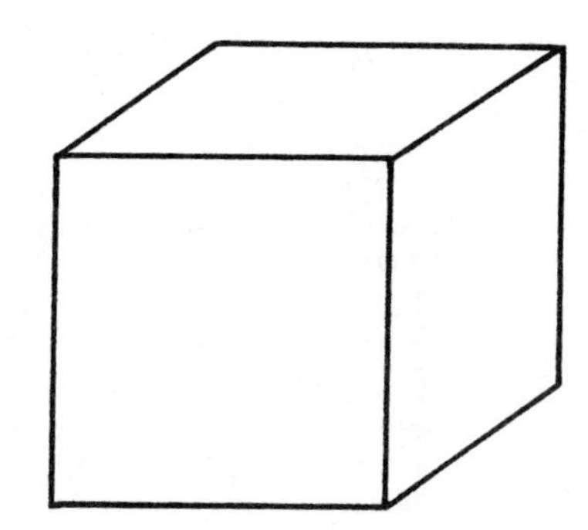

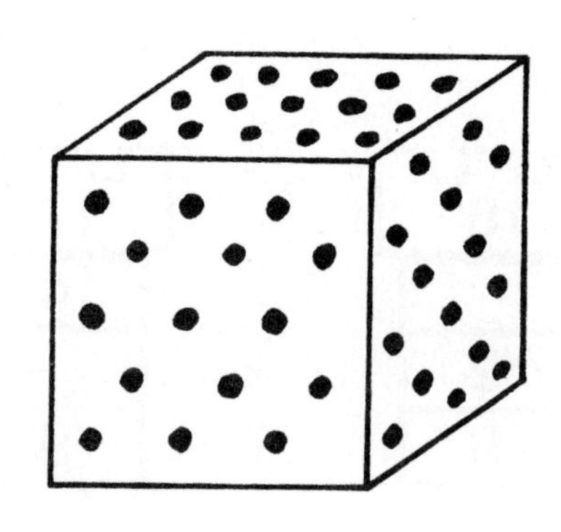

✂ -

■ Name: (36)

Wie viele verschiedene Türmchen kannst du mit einem roten, einem weißen und einem grünen Baustein bauen?
Zeichne alle Türmchen auf, die du gefunden hast!

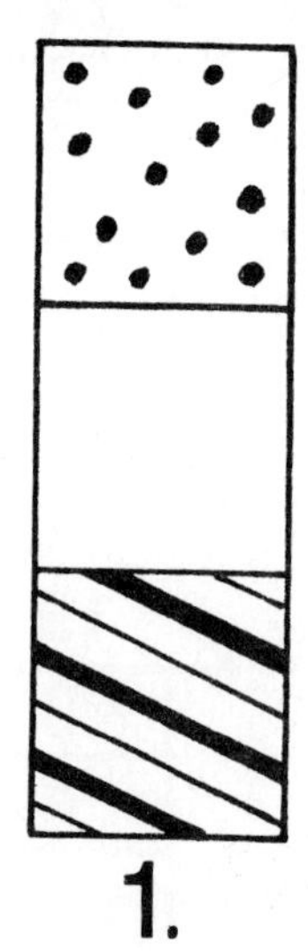

1.

● Name: (37)

Male zuerst ein rotes, ein grünes und ein blaues Entchen!
Ordne nun in jeder Reihe die drei Entchen anders an!

✂ -

■ Name: (38)

Ordne die drei unterschiedlichen Häschen in jeder Reihe anders an!

Findest du noch eine Möglichkeit?

● Name: (39)

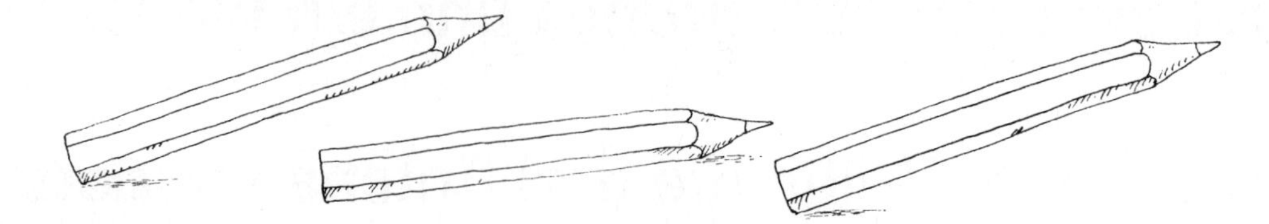

Gib jedem Stift eine andere Farbe.
Wähle immer zwei Farbstifte aus.
Welche unterschiedlichen Fähnchen kannst du damit ausmalen?

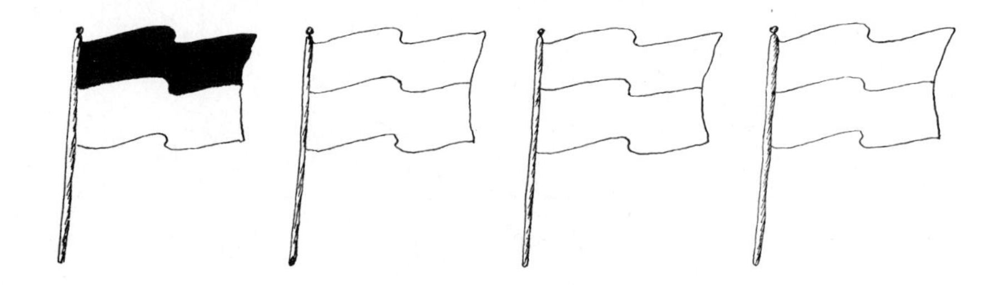

✂ -

■ Name: (40)

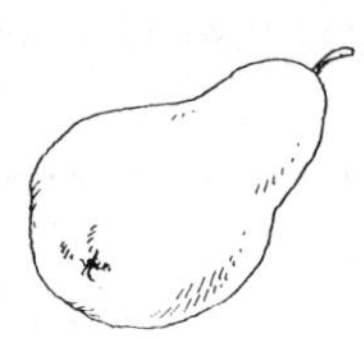

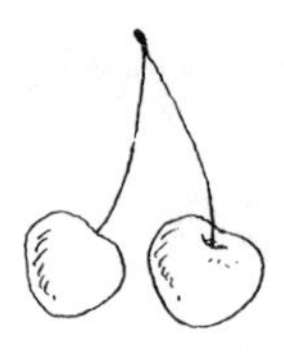

Wähle immer zwei Früchte aus.
Lege sie auf einen Teller.
Welche unterschiedlichen Obstteller kannst du malen?

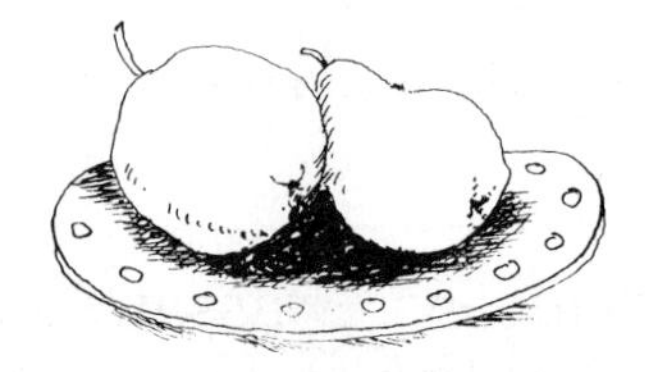

● **Name:** **(41)**

Wähle zwei Zahlen aus. Ordne sie in die leeren Fenster ein, so daß immer andere zweistellige Zahlen entstehen!

<---

■ **Name:** **(42)**

Immer zwei Zahlen gehören in ein Häuschen. Welche Häuschen kannst du malen, wenn in jedem Häuschen eine andere zweistellige Zahl steht?

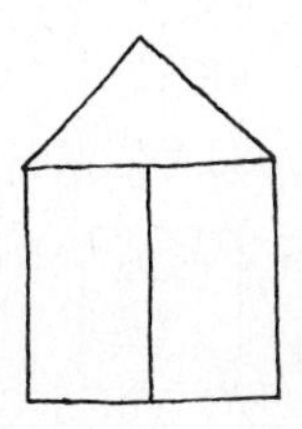

● Name: (43)

Wirf einen Pfennig zehnmal!
Trage immer einen Strich für das Ergebnis in die Tabelle ein!

Welche Seite war häufiger zu sehen?

Male den Pfennig aus!

▲ **Ist es bei anderen Kindern auch so?**

✂ -

● Name: (44)

Würfle mit einem Würfel zehnmal!
Schreibe die gewürfelte Augenzahl auf!

1. ______________ 6. ______________
2. ______________ 7. ______________
3. ______________ 8. ______________
4. ______________ 9. ______________
5. ______________ 10. ______________

Welche Zahl trat am häufigsten auf? ☐

▲ **Ist es bei anderen Kindern auch so?**

Volk und Wissen Verlag GmbH

● Name: (45)

Wirf gleichzeitig zwei Pfennige zehnmal!
Trage nach jedem Wurf das Ergebnis mit einem Strich in die Tabelle ein!

Was trat am häufigsten ein? Male die beiden Pfennige aus!

Eiche / 1 PFENNIG	Eiche / Eiche	1 PFENNIG / 1 PFENNIG

▲ **Ist es bei anderen Kindern auch so?**

■ Name: (46)

Würfle mit zwei Würfeln zehnmal!
Addiere nach jedem Wurf die Augenzahlen!
Schreibe die Summe auf!

1. ____________ 6. ____________
2. ____________ 7. ____________
3. ____________ 8. ____________
4. ____________ 9. ____________
5. ____________ 10. ____________

Welche Zahl trat am häufigsten auf? ☐

▲ **Ist es bei anderen Kindern auch so?**

■ Name: (47)

Überlege vorher!
Wenn du einen Pfennig zehnmal wirfst,
wird häufiger die Zahl oder häufiger das Blatt auftreten?
Male den Pfennig aus!

Wirf nun den Pfennig zehnmal!
Trage dein Ergebnis in die Tabelle ein!
Was sagst du nun dazu?

▲ Vergleiche dein Ergebnis mit dem der anderen Kinder!

■ Name: (48)

Überlege vorher!
Wenn du zehnmal würfelst, welche Augenzahl wird am häufigsten auftreten, die 1, die 2, die 3, die 4, die 5 oder die 6?

Trage ein, was du denkst!

Wirf nun zehnmal!
Trage immer einen Strich für die gewürfelte Augenzahl ein!
Was sagst du nun dazu?
▲ Vergleiche dein Ergebnis mit anderen Kindern!